# TRANZLATY

**Language is for everyone**

Taal is voor iedereen

# The Little Mermaid

# De Kleine Zeemeermin

# Hans Christian Andersen

English / Nederlands

Copyright © 2023 Tranzlaty
All rights reserved.
Published by Tranzlaty
ISBN: 978-1-83566-950-1
**Original text by Hans Christian Andersen**
Den Lille Havfrue
First published in Danish in 1837
**www.tranzlaty.com**

## The Sea King's Palace
Het paleis van de zeekoning

**Far out in the ocean, where the water is blue**
Ver weg in de oceaan, waar het water blauw is
**here the water is as blue as the prettiest cornflower**
hier is het water zo blauw als de mooiste korenbloem
**and the water is as clear as the purest crystal**
en het water is zo helder als het zuiverste kristal
**this water, far out in the ocean is very, very deep**
dit water, ver weg in de oceaan, is heel, heel diep
**water so deep, indeed, that no cable could reach the bottom**
water zo diep, dat geen enkele kabel de bodem kon bereiken
**you could pile many church steeples upon each other**
je zou veel kerktorens op elkaar kunnen stapelen
**but all the churches could not reach the surface of the water**
maar niet alle kerken konden het wateroppervlak bereiken
**There dwell the Sea King and his subjects**
Daar wonen de zeekoning en zijn onderdanen
**you might think it is just bare yellow sand at the bottom**
je zou kunnen denken dat het gewoon kaal geel zand op de bodem is
**but we must not imagine that there is nothing there**
maar we moeten ons niet voorstellen dat er niets is
**on this sand grow the strangest flowers and plants**
op dit zand groeien de vreemdste bloemen en planten
**and you can't imagine how pliant the leaves and stems are**
en je kunt je niet voorstellen hoe soepel de bladeren en stengels zijn
**the slightest agitation of the water causes the leaves to stir**
de minste beweging van het water zorgt ervoor dat de bladeren gaan bewegen
**it is as if each leaf had a life of its own**
het is alsof elk blad een eigen leven heeft
**Fishes, both large and small, glide between the branches**
Vissen, zowel groot als klein, glijden tussen de takken door

**just like when birds fly among the trees here upon land**
net zoals wanneer vogels hier op het land tussen de bomen vliegen

**In the deepest spot of all stands a beautiful castle**
Op de diepste plek van allemaal staat een prachtig kasteel
**this beautiful castle is the castle of the Sea King**
dit prachtige kasteel is het kasteel van de Zeekoning
**the walls of the castle are built of coral**
de muren van het kasteel zijn gebouwd van koraal
**and the long Gothic windows are of the clearest amber**
en de lange gotische ramen zijn van het helderste amber
**The roof of the castle is formed of sea shells**
Het dak van het kasteel is gevormd uit schelpen
**and the shells open and close as the water flows over them**
en de schelpen gaan open en dicht als het water eroverheen stroomt
**Their appearance is more beautiful than can be described**
Hun uiterlijk is mooier dan beschreven kan worden
**within each shell there lies a glittering pearl**
in elke schelp zit een glinsterende parel
**and each pearl would be fit for the diadem of a queen**
en elke parel zou geschikt zijn voor het diadeem van een koningin

**The Sea King had been a widower for many years**
De zeekoning was al jarenlang weduwnaar
**and his aged mother looked after the household for him**
en zijn bejaarde moeder zorgde voor het huishouden voor hem
**She was a very sensible woman**
Zij was een zeer verstandige vrouw
**but she was exceedingly proud of her royal birth**
maar ze was buitengewoon trots op haar koninklijke geboorte
**and on that account she wore twelve oysters on her tail**
en daarom droeg ze twaalf oesters op haar staart

**others of high rank were only allowed to wear six oysters**
anderen van hoge rang mochten slechts zes oesters dragen
**She was, however, deserving of very great praise**
Zij verdiende echter zeer grote lof
**there was something she especially deserved praise for**
er was iets waarvoor ze vooral lof verdiende
**she took great care of the little sea princesses**
Ze zorgde goed voor de kleine zeeprinsessen
**she had six granddaughters that she loved**
ze had zes kleindochters waar ze van hield
**all the sea princesses were beautiful children**
alle zeeprinsessen waren prachtige kinderen
**but the youngest sea princess was the prettiest of them**
maar de jongste zeeprinses was de mooiste van hen
**Her skin was as clear and delicate as a rose leaf**
Haar huid was zo helder en delicaat als een rozenblad
**and her eyes were as blue as the deepest sea**
en haar ogen waren zo blauw als de diepste zee
**but, like all the others, she had no feet**
maar net als alle anderen had ze geen voeten
**and at the end of her body was a fish's tail**
en aan het einde van haar lichaam zat een vissenstaart

**All day long they played in the great halls of the castle**
De hele dag speelden ze in de grote zalen van het kasteel
**out of the walls of the castle grew beautiful flowers**
uit de muren van het kasteel groeiden prachtige bloemen
**and she loved to play among the living flowers**
en ze hield ervan om te spelen tussen de levende bloemen
**The large amber windows were open, and the fish swam in**
De grote amberkleurige ramen stonden open en de vissen zwommen naar binnen
**it is just like when we leave the windows open**
het is net als wanneer we de ramen open laten staan
**and then the pretty swallows fly into our houses**
en dan vliegen de mooie zwaluwen onze huizen binnen

**only the fishes swam up to the princesses**
alleen de vissen zwommen naar de prinsessen
**they were the only ones that ate out of her hands**
zij waren de enigen die uit haar handen aten
**and they allowed themselves to be stroked by her**
en ze lieten zich door haar aaien

**Outside the castle there was a beautiful garden**
Buiten het kasteel was er een prachtige tuin
**in the garden grew bright-red and dark-blue flowers**
in de tuin groeiden felrode en donkerblauwe bloemen
**and there grew blossoms like flames of fire**
en er groeiden bloesems als vlammen van vuur
**the fruit on the plants glittered like gold**
het fruit aan de planten glinsterde als goud
**and the leaves and stems continually waved to and fro**
en de bladeren en stengels wuifden voortdurend heen en weer
**The earth on the ground was the finest sand**
De aarde op de grond was het fijnste zand
**but this sand does not have the colour of the sand we know**
maar dit zand heeft niet de kleur van het zand dat wij kennen
**this sand is as blue as the flame of burning sulphur**
dit zand is zo blauw als de vlam van brandende zwavel
**Over everything lay a peculiar blue radiance**
Over alles lag een eigenaardige blauwe gloed
**it is as if the blue sky were everywhere**
het is alsof de blauwe lucht overal is
**the blue of the sky was above and below**
het blauw van de lucht was boven en onder
**In calm weather the sun could be seen**
Bij rustig weer was de zon te zien
**from here the sun looked like a reddish-purple flower**
vanaf hier leek de zon op een roodpaarse bloem
**and the light streamed from the calyx of the flower**
en het licht stroomde uit de kelk van de bloem

**the palace garden was divided into several parts**
de paleistuin was verdeeld in verschillende delen
**Each of the princesses had their own little plot of ground**
Elke prinses had haar eigen stukje grond
**on this plot they could plant whatever flowers they pleased**
op dit perceel konden ze alle bloemen planten die ze wilden
**one princess arranged her flower bed in the form of a whale**
een prinses had haar bloemenperk in de vorm van een walvis ingericht
**one princess arranged her flowers like a little mermaid**
een prinses schikte haar bloemen als een kleine zeemeermin
**and the youngest child made her garden round, like the sun**
en het jongste kind maakte haar tuin rond, zoals de zon
**and in her garden grew beautiful red flowers**
en in haar tuin groeiden prachtige rode bloemen
**these flowers were as red as the rays of the sunset**
Deze bloemen waren zo rood als de stralen van de zonsondergang

**She was a strange child; quiet and thoughtful**
Ze was een vreemd kind; stil en nadenkend
**her sisters showed delight at the wonderful things**
haar zussen toonden vreugde over de prachtige dingen
**the things they obtained from the wrecks of vessels**
de dingen die ze uit de wrakken van schepen haalden
**but she cared only for her pretty red flowers**
maar ze gaf alleen om haar mooie rode bloemen
**although there was also a beautiful marble statue**
hoewel er ook een prachtig marmeren beeld was
**the statue was the representation of a handsome boy**
het beeld was de voorstelling van een knappe jongen
**the boy had been carved out of pure white stone**
de jongen was uit zuiver wit steen gehouwen
**and the statue had fallen to the bottom of the sea from a wreck**

en het beeld was door een wrak naar de bodem van de zee gevallen
**for this marble statue of a boy she cared about too**
voor dit marmeren beeld van een jongen waar ze ook om gaf

**She planted, by the statue, a rose-colored weeping willow**
Ze plantte, naast het standbeeld, een roze treurwilg
**and soon the weeping willow hung its fresh branches over the statue**
en al snel hing de treurwilg zijn verse takken boven het beeld
**the branches almost reached down to the blue sands**
de takken reikten bijna tot aan het blauwe zand
**The shadows of the tree had the color of violet**
De schaduwen van de boom hadden de kleur van violet
**and the shadows waved to and fro like the branches**
en de schaduwen wuifden heen en weer als de takken
**all of this created the most interesting illusion**
dit alles creëerde de meest interessante illusie
**it was as if the crown of the tree and the roots were playing**
het was alsof de kroon van de boom en de wortels speelden
**it looked as if they were trying to kiss each other**
het leek alsof ze elkaar probeerden te kussen

**her greatest pleasure was hearing about the world above**
haar grootste genoegen was het horen over de wereld hierboven
**the world above the deep sea she lived in**
de wereld boven de diepe zee waarin ze leefde
**She made her old grandmother tell her all about the upper world**
Ze liet haar oude grootmoeder haar alles vertellen over de bovenwereld
**the ships and the towns, the people and the animals**
de schepen en de steden, de mensen en de dieren
**up there the flowers of the land had fragrance**
daarboven hadden de bloemen van het land een geur

**the flowers below the sea had no fragrance**
de bloemen onder de zee hadden geen geur
**up there the trees of the forest were green**
daarboven waren de bomen van het bos groen
**and the fishes in the trees could sing beautifully**
en de vissen in de bomen konden prachtig zingen
**up there it was a pleasure to listen to the fish**
daarboven was het een genot om naar de vissen te luisteren
**her grandmother called the birds fishes**
haar grootmoeder noemde de vogels vissen
**else the little mermaid would not have understood**
anders had de kleine zeemeermin het niet begrepen
**because the little mermaid had never seen birds**
omdat de kleine zeemeermin nog nooit vogels had gezien

**her grandmother told her about the rites of mermaids**
haar grootmoeder vertelde haar over de rituelen van zeemeerminnen
**"one day you will reach your fifteenth year"**
"op een dag zul je je vijftiende jaar bereiken"
**"then you will have permission to go to the surface"**
"dan heb je toestemming om naar de oppervlakte te gaan"
**"you will be able to sit on the rocks in the moonlight"**
"je zult in het maanlicht op de rotsen kunnen zitten"
**"and you will see the great ships go sailing by"**
"en je zult de grote schepen voorbij zien varen"
**"Then you will see forests and towns and the people"**
"Dan zul je bossen en steden en de mensen zien"

**the following year one of the sisters was going to be fifteen**
het jaar daarop zou een van de zussen vijftien worden
**but each sister was a year younger than the other**
maar elke zus was een jaar jonger dan de ander
**the youngest sister was going to have to wait five years**
**before her turn**

de jongste zus zou vijf jaar moeten wachten voordat ze aan de beurt was
**only then could she rise up from the bottom of the ocean**
pas toen kon ze uit de bodem van de oceaan opstijgen
**and only then could she see the earth as we do**
en pas toen kon ze de aarde zien zoals wij dat doen
**However, each of the sisters made each other a promise**
Echter, elke zuster deed elkaar een belofte
**they were going to tell the others what they had seen**
ze zouden de anderen vertellen wat ze hadden gezien
**Their grandmother could not tell them enough**
Hun grootmoeder kon hen niet genoeg vertellen
**there were so many things they wanted to know about**
er waren zoveel dingen die ze wilden weten over

**the youngest sister longed for her turn the most**
de jongste zus verlangde het meest naar haar beurt
**but, she had to wait longer than all the others**
maar ze moest langer wachten dan alle anderen
**and she was so quiet and thoughtful about the world**
en ze was zo stil en nadenkend over de wereld
**there were many nights where she stood by the open window**
er waren veel nachten dat ze bij het open raam stond
**and she looked up through the dark blue water**
en ze keek omhoog door het donkerblauwe water
**and she watched the fish as they splashed with their fins**
en ze keek naar de vissen terwijl ze met hun vinnen spatten
**She could see the moon and stars shining faintly**
Ze kon de maan en de sterren vaag zien schijnen
**but from deep below the water these things look different**
maar diep onder water zien deze dingen er anders uit
**the moon and stars looked larger than they do to our eyes**
de maan en de sterren leken groter dan ze voor onze ogen zijn
**sometimes, something like a black cloud went past**
soms ging er iets als een zwarte wolk voorbij

**she knew that it could be a whale swimming over her head**
ze wist dat het een walvis kon zijn die over haar hoofd zwom
**or it could be a ship, full of human beings**
of het zou een schip kunnen zijn, vol met mensen
**human beings who couldn't imagine what was under them**
mensen die zich niet konden voorstellen wat er onder hen lag
**a pretty little mermaid holding out her white hands**
een mooie kleine zeemeermin die haar witte handen uitsteekt
**a pretty little mermaid reaching towards their ship**
een mooie kleine zeemeermin die naar hun schip reikt

## The Little Mermaid's Sisters
## De zusjes van de kleine zeemeermin

**The day came when the eldest mermaid had her fifteenth birthday**
De dag kwam dat de oudste zeemeermin haar vijftiende verjaardag vierde
**now she was allowed to rise to the surface of the ocean**
nu mocht ze naar de oppervlakte van de oceaan stijgen
**and that night she swum up to the surface**
en die nacht zwom ze naar de oppervlakte
**you can imagine all the things she saw up there**
je kunt je voorstellen wat ze daar allemaal zag
**and you can imagine all the things she had to talk about**
en je kunt je voorstellen waar ze het allemaal over moest hebben
**But the finest thing, she said, was to lie on a sand bank**
Maar het mooiste, zei ze, was om op een zandbank te liggen
**in the quiet moonlit sea, near the shore**
in de rustige maanverlichte zee, dicht bij de kust
**from there she had gazed at the lights on the land**
van daaruit had ze naar de lichten op het land gekeken
**they were the lights of the near-by town**
zij waren de lichten van de nabijgelegen stad
**the lights had twinkled like hundreds of stars**
de lichten fonkelden als honderden sterren
**she had listened to the sounds of music from the town**
ze had geluisterd naar de klanken van muziek uit de stad
**she had heard noise of carriages drawn by their horses**
ze had het geluid gehoord van rijtuigen die door hun paarden werden getrokken
**and she had heard the voices of human beings**
en ze had de stemmen van mensen gehoord
**and the had heard merry pealing of the bells**
en ze hadden het vrolijke luiden van de klokken gehoord
**the bells ringing in the church steeples**

de klokken die in de kerktorens luiden
**but she could not go near all these wonderful things**
maar ze kon niet in de buurt komen van al deze prachtige dingen
**so she longed for these wonderful things all the more**
dus verlangde ze des te meer naar deze prachtige dingen

**you can imagine how eagerly the youngest sister listened**
je kunt je voorstellen hoe gretig de jongste zus luisterde
**the descriptions of the upper world were like a dream**
de beschrijvingen van de bovenwereld waren als een droom
**afterwards she stood at the open window of her room**
daarna stond ze bij het open raam van haar kamer
**and she looked to the surface, through the dark-blue water**
en ze keek naar de oppervlakte, door het donkerblauwe water
**she thought of the great city her sister had told her of**
Ze dacht aan de grote stad waar haar zus haar over had verteld
**the great city with all its bustle and noise**
de grote stad met al zijn drukte en lawaai
**she even fancied she could hear the sound of the bells**
Ze dacht zelfs dat ze het geluid van de klokken kon horen
**she imagined the sound of the bells carried to the depths of the sea**
ze stelde zich voor dat het geluid van de klokken naar de diepten van de zee werd gedragen

**after another year the second sister had her birthday**
na nog een jaar vierde de tweede zus haar verjaardag
**she too received permission to swim up to the surface**
ook zij kreeg toestemming om naar de oppervlakte te zwemmen
**and from there she could swim about where she pleased**
en van daaruit kon ze zwemmen waar ze maar wilde
**She had gone to the surface just as the sun was setting**
Ze was naar de oppervlakte gegaan net toen de zon onderging

**this, she said, was the most beautiful sight of all**
dit, zei ze, was het mooiste gezicht van allemaal
**The whole sky looked like a disk of pure gold**
De hele lucht leek op een schijf van puur goud
**and there were violet and rose-colored clouds**
en er waren violette en roze wolken
**they were too beautiful to describe, she said**
ze waren te mooi om te beschrijven, zei ze
**and she said how the clouds drifted across the sky**
en ze zei hoe de wolken over de lucht dreven
**and something had flown by more swiftly than the clouds**
en er was iets sneller voorbijgevlogen dan de wolken
**a large flock of wild swans flew toward the setting sun**
een grote zwerm wilde zwanen vloog richting de ondergaande zon
**the swans had been like a long white veil across the sea**
de zwanen waren als een lange witte sluier over de zee
**She had also tried to swim towards the sun**
Ze had ook geprobeerd om naar de zon toe te zwemmen
**but some distance away the sun sank into the waves**
maar op enige afstand zonk de zon in de golven
**she saw how the rosy tints faded from the clouds**
ze zag hoe de rozige tinten uit de wolken verdwenen
**and she saw how the colour had also faded from the sea**
en ze zag hoe de kleur ook van de zee was verdwenen

**the next year it was the third sister's turn**
het jaar daarop was het de beurt aan de derde zus
**this sister was the most daring of all the sisters**
deze zuster was de meest gedurfde van alle zusters
**she swam up a broad river that emptied into the sea**
ze zwom een brede rivier op die uitmondde in de zee
**On the banks of the river she saw green hills**
Aan de oevers van de rivier zag ze groene heuvels
**the green hills were covered with beautiful vines**
de groene heuvels waren bedekt met prachtige wijnranken

**and on the hills there were forests of trees**
en op de heuvels waren bossen met bomen
**and out of the forests palaces and castles poked out**
en uit de bossen staken paleizen en kastelen op
**She had heard birds singing in the trees**
Ze had vogels in de bomen horen zingen
**and she had felt the rays of the sun on her skin**
en ze had de zonnestralen op haar huid gevoeld
**the rays were so strong that she had to dive back**
de stralen waren zo sterk dat ze terug moest duiken
**and she cooled her burning face in the cool water**
en ze koelde haar brandende gezicht in het koele water
**In a narrow creek she found a group of little children**
In een smalle kreek vond ze een groepje kleine kinderen
**they were the first human children she had ever seen**
het waren de eerste menselijke kinderen die ze ooit had gezien
**She wanted to play with the children too**
Ze wilde ook met de kinderen spelen
**but the children fled from her in a great fright**
maar de kinderen vluchtten in grote angst voor haar weg
**and then a little black animal came to the water**
en toen kwam er een klein zwart diertje naar het water
**it was a dog, but she did not know it was a dog**
het was een hond, maar ze wist niet dat het een hond was
**because she had never seen a dog before**
omdat ze nog nooit een hond had gezien
**and the dog barked at the mermaid furiously**
en de hond blafte woedend naar de zeemeermin
**she became frightened and rushed back to the open sea**
Ze werd bang en rende terug naar de open zee
**But she said she should never forget the beautiful forest**
Maar ze zei dat ze het prachtige bos nooit mocht vergeten
**the green hills and the pretty children**
de groene heuvels en de mooie kinderen
**she found it exceptionally funny how they swam**
ze vond het buitengewoon grappig hoe ze zwommen

**because the little human children didn't have tails**
omdat de kleine mensenkinderen geen staarten hadden
**so with their little legs they kicked the water**
dus met hun kleine beentjes schopten ze het water

**The fourth sister was more timid than the last**
De vierde zus was verlegener dan de vorige
**She had decided to stay in the midst of the sea**
Ze had besloten om midden op zee te blijven
**but she said it was as beautiful there as nearer the land**
maar ze zei dat het daar net zo mooi was als dichter bij het land
**from the surface she could see many miles around her**
vanaf het oppervlak kon ze vele kilometers om zich heen zien
**the sky above her looked like a bell of glass**
de lucht boven haar leek op een glazen klok
**and she had seen the ships sail by**
en ze had de schepen voorbij zien varen
**but the ships were at a very great distance from her**
maar de schepen waren op een zeer grote afstand van haar
**and, with their sails, the ships looked like sea gulls**
en met hun zeilen leken de schepen op zeemeeuwen
**she saw how the dolphins played in the waves**
ze zag hoe de dolfijnen in de golven speelden
**and great whales spouted water from their nostrils**
en grote walvissen spoot water uit hun neusgaten
**like a hundred fountains all playing together**
als honderd fonteinen die allemaal samen spelen

**The fifth sister's birthday occurred in the winter**
De verjaardag van de vijfde zus viel in de winter
**so she saw things that the others had not seen**
dus ze zag dingen die de anderen niet hadden gezien
**at this time of the year the sea looked green**
in deze tijd van het jaar zag de zee er groen uit
**large icebergs were floating on the green water**

grote ijsbergen dreven op het groene water
**and each iceberg looked like a pearl, she said**
en elke ijsberg leek op een parel, zei ze
**but they were larger and loftier than the churches**
maar ze waren groter en hoger dan de kerken
**and they were of the most interesting shapes**
en ze hadden de meest interessante vormen
**and each iceberg glittered like diamonds**
en elke ijsberg schitterde als diamanten
**She had seated herself on one of the icebergs**
Ze had zichzelf op een van de ijsbergen gezet
**and she let the wind play with her long hair**
en ze liet de wind met haar lange haar spelen
**She noticed something interesting about the ships**
Ze merkte iets interessants op aan de schepen
**all the ships sailed past the icebergs very rapidly**
alle schepen voeren heel snel langs de ijsbergen
**and they steered away as far as they could**
en ze stuurden zo ver weg als ze konden
**it was as if they were afraid of the iceberg**
het was alsof ze bang waren voor de ijsberg
**she stayed out at sea into the evening**
ze bleef tot in de avond op zee
**the sun went down and dark clouds covered the sky**
de zon ging onder en donkere wolken bedekten de lucht
**the thunder rolled across the ocean of icebergs**
de donder rolde over de oceaan van ijsbergen
**and the flashes of lightning glowed red on the icebergs**
en de bliksemflitsen gloeiden rood op de ijsbergen
**and the icebergs were tossed about by the heaving sea**
en de ijsbergen werden heen en weer geslingerd door de woelige zee
**the sails of all the ships were trembling with fear**
de zeilen van alle schepen trilden van angst
**and the mermaid sat calmly on the floating iceberg**
en de zeemeermin zat rustig op de drijvende ijsberg

**and she watched the lightning strike into the sea**
en ze zag de bliksem in de zee slaan

**All of her five older sisters had grown up now**
Al haar vijf oudere zussen waren inmiddels volwassen
**therefore they could go to the surface when they pleased**
daarom konden ze naar de oppervlakte gaan wanneer ze wilden
**at first they were delighted with the surface world**
in eerste instantie waren ze opgetogen over de oppervlaktewereld
**they couldn't get enough of the new and beautiful sights**
ze konden geen genoeg krijgen van de nieuwe en prachtige bezienswaardigheden
**but eventually they all grew indifferent towards the upper world**
maar uiteindelijk werden ze allemaal onverschillig tegenover de bovenwereld
**and after a month they didn't visit the surface world much at all anymore**
en na een maand bezochten ze de oppervlaktewereld helemaal niet meer
**they told their sister it was much more beautiful at home**
ze vertelden hun zus dat het thuis veel mooier was

**Yet often, in the evening hours, they did go up**
Toch gingen ze vaak in de avonduren naar boven
**the five sisters twined their arms round each other**
de vijf zussen sloegen hun armen om elkaar heen
**and together, arm in arm, they rose to the surface**
en samen, arm in arm, stegen ze naar de oppervlakte
**often they went up when there was a storm approaching**
vaak gingen ze omhoog als er een storm op komst was
**they feared that the storm might win a ship**
ze vreesden dat de storm een schip zou kunnen winnen
**so they swam to the vessel and sung to the sailors**

dus zwommen ze naar het schip en zongen voor de matrozen
**Their voices were more charming than that of any human**
Hun stemmen waren charmanter dan die van welke mens dan ook
**and they begged the voyagers not to fear if they sank**
en ze smeekten de reizigers om niet bang te zijn als ze zouden zinken
**because the depths of the sea was full of delights**
omdat de diepten van de zee vol genoegens waren
**But the sailors could not understand their songs**
Maar de zeelui konden hun liederen niet verstaan
**and they thought their singing was the sighing of the storm**
en ze dachten dat hun gezang het zuchten van de storm was
**therefore their songs were never beautiful to the sailors**
daarom waren hun liederen nooit mooi voor de zeelui
**because if the ship sank the men would drown**
want als het schip zou zinken, zouden de mannen verdrinken
**the dead gained nothing from the palace of the Sea King**
de doden hadden niets gewonnen uit het paleis van de Zeekoning
**but their youngest sister was left at the bottom of the sea**
maar hun jongste zusje werd achtergelaten op de bodem van de zee
**looking up at them, she was ready to cry**
toen ze naar hen opkeek, was ze klaar om te huilen
**you should know mermaids have no tears that they can cry**
Je moet weten dat zeemeerminnen geen tranen hebben die ze kunnen huilen
**so her pain and suffering was more acute than ours**
dus haar pijn en lijden waren acuter dan de onze
**"Oh, I wish I was also fifteen years old!" said she**
"Oh, ik wou dat ik ook vijftien was!" zei ze
**"I know that I shall love the world up there"**
"Ik weet dat ik de wereld daarboven zal liefhebben"
**"and I shall love all the people who live in that world"**
"en ik zal alle mensen liefhebben die in die wereld leven"

## The Little Mermaid's Birthday
### De verjaardag van de kleine zeemeermin

**but, at last, she too reached her fifteenth birthday**
maar uiteindelijk bereikte ook zij haar vijftiende verjaardag
**"Well, now you are grown up," said her grandmother**
"Nou, nu ben je volwassen," zei haar grootmoeder
**"Come, and let me adorn you like your sisters"**
"Kom, en laat mij je versieren zoals je zusters"
**And she placed a wreath of white lilies in her hair**
En ze plaatste een krans van witte lelies in haar haar
**every petal of the lilies was half a pearl**
elk bloemblaadje van de lelies was een halve parel
**Then, the old lady ordered eight great oysters to come**
Toen bestelde de oude dame acht grote oesters
**the oysters attached themselves to the tail of the princess**
de oesters hechtten zich vast aan de staart van de prinses
**under the sea oysters are used to show your rank**
Onder de zee worden oesters gebruikt om je rang te tonen
**"But the oysters hurt me so," said the little mermaid**
"Maar de oesters doen me zo'n pijn," zei de kleine zeemeermin
**"Yes, I know oysters hurt," replied the old lady**
"Ja, ik weet dat oesters pijn doen," antwoordde de oude dame
**"but you know very well that pride must suffer pain"**
"maar je weet heel goed dat trots pijn moet lijden"
**how gladly she would have shaken off all this grandeur**
hoe graag zou ze al deze pracht en praal van zich hebben afgeschud
**she would have loved to lay aside the heavy wreath!**
Ze had de zware krans graag opzij gelegd!
**she thought of the red flowers in her own garden**
ze dacht aan de rode bloemen in haar eigen tuin
**the red flowers would have suited her much better**
de rode bloemen zouden haar veel beter hebben gepast
**But she could not change herself into something else**

Maar ze kon zichzelf niet in iets anders veranderen
**so she said farewell to her grandmother and sisters**
dus nam ze afscheid van haar grootmoeder en zussen
**and, as lightly as a bubble, she rose to the surface**
en, zo licht als een bel, steeg ze naar de oppervlakte

**The sun had just set when she raised her head above the waves**
De zon was net onder toen ze haar hoofd boven de golven uitstak
**The clouds were tinted with crimson and gold from the sunset**
De wolken waren gekleurd met karmijnrood en goud door de zonsondergang
**and through the glimmering twilight beamed the evening star**
en door de glinsterende schemering straalde de avondster
**The sea was calm, and the sea air was mild and fresh**
De zee was kalm en de zeelucht was mild en fris
**A large ship with three masts lay lay calmly on the water**
Een groot schip met drie masten lag rustig op het water
**only one sail was set, for not a breeze stirred**
Er was maar één zeil gehesen, want er waaide geen briesje
**and the sailors sat idle on deck, or amidst the rigging**
en de matrozen zaten werkeloos op het dek, of tussen de tuigage
**There was music and songs on board of the ship**
Er was muziek en gezang aan boord van het schip
**as darkness came a hundred colored lanterns were lighted**
toen de duisternis viel, werden er honderd gekleurde lantaarns aangestoken
**it was as if the flags of all nations waved in the air**
het was alsof de vlaggen van alle naties in de lucht wapperden

**The little mermaid swam close to the cabin windows**
De kleine zeemeermin zwom dicht bij de hutramen

**now and then the waves of the sea lifted her up**
af en toe tilden de golven van de zee haar op
**she could look in through the glass window-panes**
ze kon door de glazen ruiten naar binnen kijken
**and she could see a number of curiously dressed people**
en ze kon een aantal vreemd geklede mensen zien
**Among the people she could see there was a young prince**
Onder de mensen die ze kon zien, was een jonge prins
**the prince was the most beautiful of them all**
de prins was de mooiste van allemaal
**she had never seen anyone with such beautiful eyes**
ze had nog nooit iemand met zulke mooie ogen gezien
**it was the celebration of his sixteenth birthday**
het was de viering van zijn zestiende verjaardag
**The sailors were dancing on the deck of the ship**
De matrozen dansten op het dek van het schip
**all cheered when the prince came out of the cabin**
iedereen juichte toen de prins uit de hut kwam
**and more than a hundred rockets rose into the air**
en meer dan honderd raketten stegen de lucht in
**for some time the fireworks made the sky as bright as day**
een tijd lang zorgde het vuurwerk ervoor dat de lucht zo helder was als de dag
**of course our young mermaid had never seen fireworks before**
natuurlijk had onze jonge zeemeermin nog nooit vuurwerk gezien
**startled by all the noise, she went back under the water**
opgeschrikt door al het lawaai ging ze weer onder water
**but soon she again stretched out her head**
maar al snel strekte ze haar hoofd weer uit
**it was as if all the stars of heaven were falling around her**
het was alsof alle sterren van de hemel om haar heen vielen
**splendid fireflies flew up into the blue air**
prachtige vuurvliegjes vlogen de blauwe lucht in
**and everything was reflected in the clear, calm sea**

en alles weerspiegelde zich in de heldere, kalme zee
**The ship itself was brightly illuminated by all the light**
Het schip zelf werd fel verlicht door al het licht
**she could see all the people and even the smallest rope**
ze kon alle mensen zien en zelfs het kleinste touw
**How handsome the young prince looked thanking his guests!**
Wat zag de jonge prins er knap uit toen hij zijn gasten bedankte!
**and the music resounded through the clear night air!**
en de muziek klonk door de heldere nachtlucht!

**the birthday celebrations lasted late into the night**
de verjaardagsvieringen duurden tot laat in de nacht
**but the little mermaid could not take her eyes from the ship**
maar de kleine zeemeermin kon haar ogen niet van het schip afhouden
**nor could she take her eyes from the beautiful prince**
noch kon ze haar ogen van de mooie prins afhouden
**The colored lanterns had now been extinguished**
De gekleurde lantaarns waren inmiddels gedoofd
**and there were no more rockets that rose into the air**
en er waren geen raketten meer die de lucht in gingen
**the cannon of the ship had also ceased firing**
het kanon van het schip was ook gestopt met vuren
**but now it was the sea that became restless**
maar nu was het de zee die onrustig werd
**a moaning, grumbling sound could be heard beneath the waves**
een kreunend, grommend geluid was te horen onder de golven
**and yet, the little mermaid remained by the cabin window**
en toch bleef de kleine zeemeermin bij het raam van de hut
**she was rocking up and down on the water**
ze schommelde op en neer op het water
**so that she could keep looking into the ship**

zodat ze naar binnen kon blijven kijken in het schip
**After a while the sails were quickly set**
Na een tijdje werden de zeilen snel gezet
**and the ship went on her way back to port**
en het schip ging op weg terug naar de haven

**But soon the waves rose higher and higher**
Maar al snel werden de golven steeds hoger
**dark, heavy clouds darkened the night sky**
donkere, zware wolken verduisterden de nachtelijke hemel
**and there appeared flashes of lightning in the distance**
en er verschenen bliksemflitsen in de verte
**not far away a dreadful storm was approaching**
niet ver weg naderde een vreselijke storm
**Once more the sails were lowered against the wind**
Opnieuw werden de zeilen tegen de wind in neergelaten
**and the great ship pursued her course over the raging sea**
en het grote schip zette haar koers voort over de woeste zee
**The waves rose as high as the mountains**
De golven rezen zo hoog als de bergen
**one would have thought the waves were going to have the ship**
je zou denken dat de golven het schip zouden hebben
**but the ship dived like a swan between the waves**
maar het schip dook als een zwaan tussen de golven
**then she rose again on their lofty, foaming crests**
toen steeg ze weer op op hun hoge, schuimende toppen
**To the little mermaid this was pleasant to watch**
Voor de kleine zeemeermin was dit een genot om naar te kijken
**but it was not pleasant for the sailors**
maar het was niet prettig voor de matrozen
**the ship made awful groaning and creaking sounds**
het schip maakte vreselijke kreunende en krakende geluiden
**and the waves broke over the deck of the ship again and again**

en de golven sloegen keer op keer over het dek van het schip
**the thick planks gave way under the lashing of the sea**
de dikke planken bezweken onder de geseling van de zee
**under the pressure the mainmast snapped asunder, like a reed**
onder de druk brak de grote mast uiteen, als een rietstengel
**and, as the ship lay over on her side, the water rushed in**
en toen het schip op haar zij lag, stroomde het water naar binnen

**The little mermaid realized that the crew were in danger**
De kleine zeemeermin besefte dat de bemanning in gevaar was
**her own situation wasn't without danger either**
haar eigen situatie was ook niet zonder gevaar
**she had to avoid the beams and planks scattered in the water**
ze moest de balken en planken die verspreid in het water lagen ontwijken
**for a moment everything turned into complete darkness**
voor een moment veranderde alles in volledige duisternis
**and the little mermaid could not see where she was**
en de kleine zeemeermin kon niet zien waar ze was
**but then a flash of lightning revealed the whole scene**
maar toen onthulde een bliksemflits het hele tafereel
**she could see everyone was still on board of the ship**
ze kon zien dat iedereen nog steeds aan boord van het schip was
**well, everyone was on board of the ship, except the prince**
Nou ja, iedereen was aan boord van het schip, behalve de prins
**the ship continued on its path to the land**
het schip vervolgde zijn weg naar het land
**and she saw the prince sink into the deep waves**
en ze zag de prins wegzinken in de diepe golven
**for a moment this made her happier than it should have**

voor een moment maakte dit haar gelukkiger dan het had
moeten zijn
**now that he was in the sea she could be with him**
nu hij in de zee was, kon ze bij hem zijn
**Then she remembered the limits of human beings**
Toen herinnerde ze zich de grenzen van de mens
**the people of the land cannot live in the water**
de mensen van het land kunnen niet in het water leven
**if he got to the palace he would already be dead**
als hij het paleis zou bereiken, zou hij al dood zijn
**"No, he must not die!" she decided**
"Nee, hij mag niet sterven!" besloot ze
**she forget any concern for her own safety**
ze vergat elke zorg voor haar eigen veiligheid
**and she swam through the beams and planks**
en ze zwom door de balken en planken
**two beams could easily crush her to pieces**
twee balken zouden haar gemakkelijk in stukken kunnen drukken
**she dove deep under the dark waters**
ze dook diep onder de donkere wateren
**everything rose and fell with the waves**
alles steeg en daalde met de golven
**finally, she managed to reach the young prince**
uiteindelijk slaagde ze erin de jonge prins te bereiken
**he was fast losing the power to swim in the stormy sea**
hij verloor snel het vermogen om te zwemmen in de stormachtige zee
**His limbs were starting to fail him**
Zijn ledematen begonnen hem in de steek te laten
**and his beautiful eyes were closed**
en zijn mooie ogen waren gesloten
**he would have died had the little mermaid not come**
hij zou gestorven zijn als de kleine zeemeermin niet gekomen was
**She held his head above the water**

Ze hield zijn hoofd boven water
**and she let the waves carry them where they wanted**
en ze liet de golven hen dragen waar ze wilden

**In the morning the storm had ceased**
In de ochtend was de storm gaan liggen
**but of the ship not a single fragment could be seen**
maar van het schip was geen enkel fragment te zien
**The sun came up, red and shining, out of the water**
De zon kwam op, rood en stralend, uit het water
**the sun's beams had a healing effect on the prince**
de zonnestralen hadden een helende werking op de prins
**the hue of health returned to the prince's cheeks**
de kleur van gezondheid keerde terug op de wangen van de prins
**but despite the sun, his eyes remained closed**
maar ondanks de zon bleven zijn ogen gesloten
**The mermaid kissed his high, smooth forehead**
De zeemeermin kuste zijn hoge, gladde voorhoofd
**and she stroked back his wet hair**
en ze streek over zijn natte haar
**He seemed to her like the marble statue in her garden**
Hij leek haar op het marmeren beeld in haar tuin
**so she kissed him again, and wished that he lived**
dus kuste ze hem opnieuw en wenste dat hij zou leven

**Presently, they came in sight of land**
Op dat moment kregen ze land in zicht
**and she saw lofty blue mountains on the horizon**
en ze zag hoge blauwe bergen aan de horizon
**on top of the mountains the white snow rested**
op de toppen van de bergen rustte de witte sneeuw
**as if a flock of swans were lying upon the mountains**
alsof er een zwerm zwanen op de bergen ligt
**Beautiful green forests were near the shore**
Prachtige groene bossen lagen vlak bij de kust

**and close by there stood a large building**
en vlakbij stond een groot gebouw
**it could have been a church or a convent**
het had een kerk of een klooster kunnen zijn
**but she was still too far away to be sure**
maar ze was nog te ver weg om er zeker van te zijn
**Orange and citron trees grew in the garden**
In de tuin groeiden sinaasappel- en citroenbomen
**and before the door stood lofty palms**
en voor de deur stonden hoge palmen
**The sea here formed a little bay**
De zee vormde hier een kleine baai
**in the bay the water lay quiet and still**
in de baai lag het water rustig en kalm
**but although the water was still, it was very deep**
maar hoewel het water stil was, was het erg diep
**She swam with the handsome prince to the beach**
Ze zwom met de knappe prins naar het strand
**the beach was covered with fine white sand**
het strand was bedekt met fijn wit zand
**and on the sand she laid him in the warm sunshine**
en op het zand legde ze hem in de warme zonneschijn
**she took care to raise his head higher than his body**
ze zorgde ervoor dat zijn hoofd hoger werd opgetild dan zijn lichaam
**Then bells sounded from the large white building**
Toen klonken er klokken vanuit het grote witte gebouw
**some young girls came into the garden**
er kwamen een paar jonge meisjes de tuin in
**The little mermaid swam out farther from the shore**
De kleine zeemeermin zwom verder van de kust
**she hid herself among some high rocks in the water**
ze verborg zichzelf tussen een paar hoge rotsen in het water
**she covered her head and neck with the foam of the sea**
Ze bedekte haar hoofd en nek met het schuim van de zee

**and she watched to see what would become of the poor prince**
en ze keek toe om te zien wat er met de arme prins zou gebeuren

**It was not long before she saw a young girl approach**
Het duurde niet lang voordat ze een jong meisje zag naderen
**the young girl seemed frightened, at first**
het jonge meisje leek in eerste instantie bang
**but her fear only lasted for a moment**
maar haar angst duurde slechts een moment
**then she brought over a number of people**
toen bracht ze een aantal mensen mee
**and the mermaid saw that the prince came to life again**
en de zeemeermin zag dat de prins weer tot leven kwam
**he smiled upon those who stood around him**
hij glimlachte naar degenen die om hem heen stonden
**But to the little mermaid the prince sent no smile**
Maar de prins stuurde geen glimlach naar de kleine zeemeermin
**he knew not that it was her who had saved him**
hij wist niet dat zij het was die hem had gered
**This made the little mermaid very sorrowful**
Dit maakte de kleine zeemeermin erg verdrietig
**and then he was led away into the great building**
en toen werd hij weggeleid naar het grote gebouw
**and the little mermaid dived down into the water**
en de kleine zeemeermin dook in het water
**and she returned to her father's castle**
en ze keerde terug naar het kasteel van haar vader

## The Little Mermaid Longs for the Upper World
### De Kleine Zeemeermin verlangt naar de Bovenwereld

**She had always been the most silent and thoughtful of the sisters**
Ze was altijd de stilste en meest bedachtzame van de zussen geweest
**and now she was more silent and thoughtful than ever**
en nu was ze stiller en nadenkender dan ooit
**Her sisters asked her what she had seen on her first visit**
Haar zussen vroegen haar wat ze had gezien tijdens haar eerste bezoek
**but she could tell them nothing of what she had seen**
maar ze kon hun niets vertellen over wat ze had gezien
**Many an evening and morning she returned to the surface**
Vele avonden en ochtenden keerde ze terug naar de oppervlakte
**and she went to the place where she had left the prince**
en ze ging naar de plek waar ze de prins had achtergelaten
**She saw the fruits in the garden ripen**
Ze zag de vruchten in de tuin rijpen
**and she watched the fruits gathered from their trees**
en ze keek naar de vruchten die van hun bomen werden geplukt
**she watched the snow on the mountain tops melt away**
ze keek toe hoe de sneeuw op de bergtoppen smolt
**but on none of her visits did she see the prince again**
maar bij geen van haar bezoeken zag ze de prins weer
**and therefore she always returned more sorrowful than when she left**
en daarom kwam ze altijd verdrietiger terug dan toen ze vertrok

**her only comfort was sitting in her own little garden**
haar enige troost was het zitten in haar eigen kleine tuin
**she flung her arms around the beautiful marble statue**

Ze sloeg haar armen om het prachtige marmeren beeld heen
**the statue which looked just like the prince**
het standbeeld dat precies op de prins leek
**She had given up tending to her flowers**
Ze had het verzorgen van haar bloemen opgegeven
**and her garden grew in wild confusion**
en haar tuin groeide in wilde verwarring
**they twinied the long leaves and stems of the flowers around the trees**
ze slingerden de lange bladeren en stengels van de bloemen rond de bomen
**so that the whole garden became dark and gloomy**
zodat de hele tuin donker en somber werd

**eventually she could bear the pain no longer**
Uiteindelijk kon ze de pijn niet meer verdragen
**and she told one of her sisters all that had happened**
en ze vertelde een van haar zussen alles wat er was gebeurd
**soon the other sisters heard the secret**
al snel hoorden de andere zussen het geheim
**and very soon her secret became known to several maids**
en al snel werd haar geheim bekend bij verschillende dienstmeisjes
**one of the maids had a friend who knew about the prince**
een van de meiden had een vriend die van de prins wist
**She had also seen the festival on board the ship**
Zij had het festival ook aan boord van het schip gezien
**and she told them where the prince came from**
en ze vertelde hen waar de prins vandaan kwam
**and she told them where his palace stood**
en ze vertelde hun waar zijn paleis stond

**"Come, little sister," said the other princesses**
"Kom, kleine zus," zeiden de andere prinsessen
**they entwined their arms and rose up together**
ze sloegen hun armen ineen en stonden samen op

**they went near to where the prince's palace stood**
ze gingen naar de plek waar het paleis van de prins stond
**the palace was built of bright-yellow, shining stone**
het paleis was gebouwd van heldergele, glanzende steen
**and the palace had long flights of marble steps**
en het paleis had lange trappen van marmer
**one of the flights of steps reached down to the sea**
een van de trappen reikte tot aan de zee
**Splendid gilded cupolas rose over the roof**
Prachtige vergulde koepels verhieven zich boven het dak
**the whole building was surrounded by pillars**
het hele gebouw was omgeven door pilaren
**and between the pillars stood lifelike statues of marble**
en tussen de pilaren stonden levensechte marmeren beelden
**they could see through the clear crystal of the windows**
ze konden door het heldere kristal van de ramen kijken
**and they could look into the noble rooms**
en ze konden in de adellijke kamers kijken
**costly silk curtains and tapestries hung from the ceiling**
kostbare zijden gordijnen en wandtapijten hingen aan het plafond
**and the walls were covered with beautiful paintings**
en de muren waren bedekt met prachtige schilderijen
**In the centre of the largest salon was a fountain**
In het midden van de grootste salon bevond zich een fontein
**the fountain threw its sparkling jets high up**
de fontein wierp zijn sprankelende stralen hoog omhoog
**the water splashed onto the glass cupola of the ceiling**
het water spatte op de glazen koepel van het plafond
**and the sun shone in through the water**
en de zon scheen door het water
**and the water splashed on the plants around the fountain**
en het water spatte op de planten rond de fontein

**Now the little mermaid knew where the prince lived**
Nu wist de kleine zeemeermin waar de prins woonde

**so she spent many a night in those waters**
dus bracht ze menig nacht in die wateren door
**she got more courageous than her sisters had been**
ze werd moediger dan haar zussen waren geweest
**and she swam much nearer the shore than they had**
en ze zwom veel dichter bij de kust dan zij hadden gedaan
**once she went up the narrow channel, under the marble balcony**
eens ging ze het smalle kanaal op, onder het marmeren balkon
**the balcony threw a broad shadow on the water**
het balkon wierp een brede schaduw op het water
**Here she sat and watched the young prince**
Hier zat ze en keek naar de jonge prins
**he, of course, thought he was alone in the bright moonlight**
hij dacht natuurlijk dat hij alleen was in het heldere maanlicht

**She often saw him in the evenings, sailing in a beautiful boat**
Ze zag hem vaak 's avonds, zeilend in een prachtige boot
**music sounded from the boat and the flags waved**
muziek klonk vanaf de boot en de vlaggen wapperden
**She peeped out from among the green rushes**
Ze gluurde tussen de groene biezen vandaan
**at times the wind caught her long silvery-white veil**
soms greep de wind haar lange zilverwitte sluier
**those who saw her veil believed it to be a swan**
degenen die haar sluier zagen, geloofden dat het een zwaan was
**her veil had all the appearance of a swan spreading its wings**
haar sluier leek op een zwaan die zijn vleugels uitspreidde

**Many a night, too, she watched the fishermen set their nets**
Ook zag ze menig nacht de vissers hun netten uitzetten
**they cast their nets in the light of their torches**
ze werpen hun netten uit in het licht van hun fakkels
**and she heard them tell many good things about the prince**

en ze hoorde hen veel goede dingen over de prins vertellen
**this made her glad that she had saved his life**
dit maakte haar blij dat ze zijn leven had gered
**when he was tossed around half dead on the waves**
toen hij halfdood op de golven werd geslingerd
**She remembered how his head had rested on her bosom**
Ze herinnerde zich hoe zijn hoofd op haar boezem had gerust
**and she remembered how heartily she had kissed him**
en ze herinnerde zich hoe hartelijk ze hem had gekust
**but he knew nothing of all that had happened**
maar hij wist niets van alles wat er gebeurd was
**the young prince could not even dream of the little mermaid**
de jonge prins kon zelfs niet dromen van de kleine zeemeermin

**She grew to like human beings more and more**
Ze begon steeds meer van mensen te houden
**she wished more and more to be able to wander their world**
ze wenste steeds meer dat ze door hun wereld kon dwalen
**their world seemed to be so much larger than her own**
hun wereld leek zoveel groter dan die van haar
**They could fly over the sea in ships**
Ze konden in schepen over de zee vliegen
**and they could mount the high hills far above the clouds**
en ze konden de hoge heuvels ver boven de wolken beklimmen
**in their lands they possessed woods and fields**
in hun land bezaten ze bossen en velden
**the greenery stretched beyond the reach of her sight**
het groen strekte zich uit buiten het bereik van haar blik
**There was so much that she wished to know!**
Er was zoveel dat ze wilde weten!
**but her sisters were unable to answer all her questions**
maar haar zussen konden niet al haar vragen beantwoorden
**She then went to her old grandmother for answers**
Ze ging toen naar haar oude grootmoeder voor antwoorden

**her grandmother knew all about the upper world**
haar grootmoeder wist alles over de bovenwereld
**she rightly called this world "the lands above the sea"**
Zij noemde deze wereld terecht "de landen boven de zee"

**"If human beings are not drowned, can they live forever?"**
"Als mensen niet verdrinken, kunnen ze dan eeuwig leven?"
**"Do they never die, as we do here in the sea?"**
"Gaan ze nooit dood, zoals wij hier in de zee?"
**"Yes, they die too," replied the old lady**
"Ja, die gaan ook dood," antwoordde de oude dame
**"like us, they must also die," added her grandmother**
"Net als wij moeten zij ook sterven", voegde haar grootmoeder toe
**"and their lives are even shorter than ours"**
"en hun levens zijn zelfs korter dan de onze"
**"We sometimes live for three hundred years"**
"Soms leven we wel driehonderd jaar"
**"but when we cease to exist here we become foam"**
"maar als we hier ophouden te bestaan, worden we schuim"
**"and we float on the surface of the water"**
"en wij drijven op het wateroppervlak"
**"we do not have graves for those we love"**
"Wij hebben geen graven voor degenen van wie wij houden"
**"and we have not immortal souls"**
"en wij hebben geen onsterfelijke zielen"
**"after we die we shall never live again"**
"na onze dood zullen we nooit meer leven"
**"like the green seaweed, once it has been cut off"**
"zoals het groene zeewier, als het eenmaal is afgesneden"
**"after we die, we can never flourish again"**
"na onze dood kunnen we nooit meer floreren"
**"Human beings, on the contrary, have souls"**
"Mensen hebben daarentegen een ziel"
**"even after they're dead their souls live forever"**
"zelfs nadat ze dood zijn, leeft hun ziel voor altijd"

"**when we die our bodies turn to foam**"
"Als we sterven, verandert ons lichaam in schuim"
"**when they die their bodies turn to dust**"
"wanneer ze sterven, veranderen hun lichamen in stof"
"**when we die we rise through the clear, blue water**"
"als we sterven, stijgen we op door het heldere, blauwe water"
"**when they die they rise up through the clear, pure air**"
"wanneer ze sterven, stijgen ze op door de heldere, zuivere lucht"
"**when we die we float no further than the surface**"
"als we sterven, drijven we niet verder dan het oppervlak"
"**but when they die they go beyond the glittering stars**"
"maar als ze sterven, gaan ze verder dan de glinsterende sterren"
"**we rise out of the water to the surface**"
"we stijgen uit het water naar de oppervlakte"
"**and we behold all the land of the earth**"
"en wij zien het hele land van de aarde"
"**they rise to unknown and glorious regions**"
"zij stijgen op naar onbekende en glorieuze gebieden"
"**glorious and unknown regions which we shall never see**"
"glorieuze en onbekende gebieden die we nooit zullen zien"
the little mermaid mourned her lack of a soul
de kleine zeemeermin rouwde om haar gebrek aan ziel
"**Why have not we immortal souls?**" asked the little mermaid
"Waarom hebben wij geen onsterfelijke zielen?" vroeg de kleine zeemeermin
"**I would gladly give all the hundreds of years that I have**"
"Ik zou graag al mijn honderden jaren willen geven"
"**I would trade it all to be a human being for one day**"
"Ik zou alles willen ruilen om één dag een mens te zijn"
"**I can not imagine the hope of knowing such happiness**"
"Ik kan me de hoop niet voorstellen om zo'n geluk te kennen"
"**the happiness of that glorious world above the stars**"
"het geluk van die glorieuze wereld boven de sterren"
"**You must not think that way,**" said the old woman

"Je mag niet zo denken," zei de oude vrouw
**"We believe that we are much happier than the humans"**
"Wij geloven dat wij veel gelukkiger zijn dan de mensen"
**"and we believe we are much better off than human beings"**
"en wij geloven dat wij het veel beter hebben dan mensen"

**"So I shall die," said the little mermaid**
"Dus ik zal sterven," zei de kleine zeemeermin
**"being the foam of the sea, I shall be washed about"**
"omdat ik het schuim van de zee ben, zal ik rondgespoeld worden"
**"never again will I hear the music of the waves"**
"nooit meer zal ik de muziek van de golven horen"
**"never again will I see the pretty flowers"**
"nooit meer zal ik de mooie bloemen zien"
**"nor will I ever again see the red sun"**
"noch zal ik ooit nog de rode zon zien"
**"Is there anything I can do to win an immortal soul?"**
"Kan ik iets doen om een onsterfelijke ziel te verwerven?"
**"No," said the old woman, "unless..."**
"Nee," zei de oude vrouw, "tenzij..."
**"there is just one way to gain a soul"**
"Er is maar één manier om een ziel te krijgen"
**"a man has to love you more than he loves his father and mother"**
"een man moet meer van je houden dan van zijn vader en moeder"
**"all his thoughts and love must be fixed upon you"**
"al zijn gedachten en liefde moeten op jou gericht zijn"
**"he has to promise to be true to you here and hereafter"**
"Hij moet beloven je hier en in het hiernamaals trouw te zijn"
**"the priest has to place his right hand in yours"**
"de priester moet zijn rechterhand in de jouwe leggen"
**"then your man's soul would glide into your body"**
"dan zou de ziel van je man in je lichaam glijden"
**"you would get a share in the future happiness of mankind"**

"Je zou een aandeel krijgen in het toekomstige geluk van de mensheid"
**"He would give to you a soul and retain his own as well"**
"Hij zou je een ziel geven en ook de zijne behouden"
**"but it is impossible for this to ever happen"**
"maar het is onmogelijk dat dit ooit gebeurt"
**"Your fish's tail, among us, is considered beautiful"**
"Uw vissenstaart wordt door ons als mooi beschouwd"
**"but on earth your fish's tail is considered ugly"**
"maar op aarde wordt de staart van uw vis als lelijk beschouwd"
**"The humans do not know any better"**
"De mensen weten het niet beter"
**"their standard of beauty is having two stout props"**
"hun schoonheidsstandaard is het hebben van twee stevige rekwisieten"
**"these two stout props they call their legs"**
"Deze twee stevige steunen noemen ze hun benen"
**The little mermaid sighed at what appeared to be her destiny**
De kleine zeemeermin zuchtte bij wat haar lot leek te zijn
**and she looked sorrowfully at her fish's tail**
en ze keek treurig naar de staart van haar vis
**"Let us be happy with what we have," said the old lady**
"Laten we blij zijn met wat we hebben," zei de oude dame
**"let us dart and spring about for the three hundred years"**
"Laten we driehonderd jaar lang rondvliegen en springen"
**"and three hundred years really is quite long enough"**
"en driehonderd jaar is echt lang genoeg"
**"After that we can rest ourselves all the better"**
"Daarna kunnen we des te beter uitrusten"
**"This evening we are going to have a court ball"**
"Vanavond gaan we een bal houden"

**It was one of those splendid sights we can never see on earth**

Het was een van die prachtige taferelen die we op aarde nooit kunnen zien
**the court ball took place in a large ballroom**
het bal vond plaats in een grote balzaal
**The walls and the ceiling were of thick transparent crystal**
De muren en het plafond waren van dik transparant kristal
**Many hundreds of colossal sea shells stood in rows on each side**
Aan elke kant stonden honderden kolossale zeeschelpen in rijen opgesteld
**some of the sea shells were deep red, others were grass green**
sommige schelpen waren dieprood, andere waren grasgroen
**and each of the sea shells had a blue fire in it**
en in elk van de schelpen zat een blauw vuur
**These fires lighted up the whole salon and the dancers**
Deze vuren verlichtten de hele salon en de dansers
**and the sea shells shone out through the walls**
en de schelpen schitterden door de muren heen
**so that the sea was also illuminated by their light**
zodat de zee ook door hun licht werd verlicht
**Innumerable fishes, great and small, swam past**
Ontelbare vissen, groot en klein, zwommen voorbij
**some of the fishes scales glowed with a purple brilliance**
sommige schubben van de vissen gloeiden met een paarse glans
**and other fishes shone like silver and gold**
en andere vissen schitterden als zilver en goud
**Through the halls flowed a broad stream**
Door de gangen stroomde een brede stroom
**and in the stream danced the mermen and the mermaids**
en in de stroom dansten de zeemeermannen en de zeemeerminnen
**they danced to the music of their own sweet singing**
ze dansten op de muziek van hun eigen zoete gezang

**No one on earth has such lovely voices as they**

Niemand op aarde heeft zulke mooie stemmen als zij
**but the little mermaid sang more sweetly than all**
maar de kleine zeemeermin zong zoeter dan alle anderen
**The whole court applauded her with hands and tails**
Het hele hof applaudisseerde voor haar met handen en staarten
**and for a moment her heart felt quite happy**
en voor een moment voelde haar hart zich heel gelukkig
**because she knew she had the sweetest voice in the sea**
omdat ze wist dat ze de mooiste stem van de zee had
**and she knew she had the sweetest voice on land**
en ze wist dat ze de liefste stem op het land had
**But soon she thought again of the world above her**
Maar al snel dacht ze weer aan de wereld boven haar
**she could not forget the charming prince**
ze kon de charmante prins niet vergeten
**it reminded her that he had an immortal soul**
het herinnerde haar eraan dat hij een onsterfelijke ziel had
**and she could not forget that she had no immortal soul**
en ze kon niet vergeten dat ze geen onsterfelijke ziel had
**She crept away silently out of her father's palace**
Ze sloop stilletjes weg uit het paleis van haar vader
**everything within was full of gladness and song**
alles binnenin was vol vreugde en gezang
**but she sat in her own little garden, sorrowful and alone**
maar ze zat in haar eigen kleine tuin, verdrietig en alleen
**Then she heard the bugle sounding through the water**
Toen hoorde ze de trompet door het water klinken
**and she thought, "He is certainly sailing above"**
en ze dacht: "Hij vaart er zeker boven"
**"he, the beautiful prince, in whom my wishes centre"**
"hij, de mooie prins, in wie mijn wensen centraal staan"
**"he, in whose hands I should like to place my happiness"**
"hij, in wiens handen ik mijn geluk zou willen leggen"
**"I will venture all for him to win an immortal soul"**

"Ik zal alles voor hem riskeren om een onsterfelijke ziel te winnen"
**"my sisters are dancing in my father's palace"**
"mijn zussen dansen in het paleis van mijn vader"
**"but I will go to the sea witch"**
"maar ik ga naar de zeeheks"
**"the sea witch of whom I have always been so afraid"**
"de zeeheks waar ik altijd zo bang voor ben geweest"
**"but the sea witch can give me counsel, and help"**
"maar de zeeheks kan mij raad geven en helpen"

## The Sea Witch
## De Zeeheks

**Then the little mermaid went out from her garden**
Toen ging de kleine zeemeermin uit haar tuin
**and she took the path to the foaming whirlpools**
en ze nam het pad naar de schuimende draaikolken
**behind the foaming whirlpools the sorceress lived**
achter de schuimende draaikolken leefde de tovenares
**the little mermaid had never gone that way before**
de kleine zeemeermin was nog nooit eerder die kant op gegaan
**Neither flowers nor grass grew where she was going**
Waar zij heen ging, groeiden noch bloemen noch gras
**there was nothing but bare, gray, sandy ground**
er was niets anders dan kale, grijze, zanderige grond
**this barren land stretched out to the whirlpool**
dit kale land strekte zich uit tot aan de draaikolk
**the water was like foaming mill wheels**
het water was als schuimende molenwielen
**and the whirlpools seized everything that came within reach**
en de draaikolken namen alles in beslag wat binnen bereik kwam
**the whirlpools cast their prey into the fathomless deep**
de draaikolken werpen hun prooi in de peilloze diepte
**Through these crushing whirlpools she had to pass**
Ze moest door deze verpletterende draaikolken heen
**only then could she reach the dominions of the sea witch**
pas toen kon ze de domeinen van de zeeheks bereiken
**after this came a stretch of warm, bubbling mire**
daarna kwam er een stuk warme, borrelende modder
**the sea witch called the bubbling mire her turf moor**
de zeeheks noemde het borrelende slijk haar territorium

**Beyond her turf moor was the witch's house**
Buiten haar heideveld lag het huis van de heks

**her house stood in the centre of a strange forest**
haar huis stond in het midden van een vreemd bos
**in this forest all the trees and flowers were polypi**
in dit bos waren alle bomen en bloemen poliepen
**but they were only half plant; the other half was animal**
maar ze waren maar voor de helft plant; de andere helft was dierlijk
**They looked like serpents with a hundred heads**
Ze leken op slangen met honderd koppen
**and each serpent was growing out of the ground**
en elke slang groeide uit de grond
**Their branches were long, slimy arms**
Hun takken waren lange, slijmerige armen
**and they had fingers like flexible worms**
en ze hadden vingers als flexibele wormen
**each of their limbs, from the root to the top, moved**
elk van hun ledematen, van de wortel tot de top, bewoog
**All that could be reached in the sea they seized upon**
Alles wat ze in de zee konden bereiken, namen ze in beslag
**and what they caught they held on tightly to**
en wat ze vingen, hielden ze stevig vast
**so that what they caught never escaped from their clutches**
zodat wat ze vingen nooit uit hun klauwen zou ontsnappen

**The little mermaid was alarmed at what she saw**
De kleine zeemeermin schrok van wat ze zag
**she stood still and her heart beat with fear**
Ze stond stil en haar hart klopte van angst
**She came very close to turning back**
Ze kwam er heel dichtbij om terug te keren
**but she thought of the beautiful prince**
maar ze dacht aan de mooie prins
**and she thought of the human soul for which she longed**
en ze dacht aan de menselijke ziel waar ze naar verlangde
**with these thoughts her courage returned**
met deze gedachten keerde haar moed terug

**She fastened her long, flowing hair round her head**
Ze bond haar lange, golvende haar om haar hoofd
**so that the polypi could not grab hold of her hair**
zodat de poliep haar haar niet kon vastgrijpen
**and she crossed her hands across her bosom**
en ze kruiste haar handen over haar boezem
**and then she darted forward like a fish through the water**
en toen schoot ze vooruit als een vis door het water
**between the subtle arms and fingers of the ugly polypi**
tussen de subtiele armen en vingers van de lelijke poliepen
**the polypi were stretched out on each side of her**
de poliepen waren aan beide kanten van haar uitgerekt
**She saw that they all held something in their grasp**
Ze zag dat ze allemaal iets in hun greep hielden
**something they had seized with their numerous little arms**
iets dat ze met hun talrijke kleine wapentjes hadden gegrepen
**they were holding white skeletons of human beings**
ze hielden witte skeletten van mensen vast
**sailors who had perished at sea in storms**
zeelieden die tijdens stormen op zee waren omgekomen
**sailors who had sunk down into the deep waters**
zeelieden die in het diepe water waren gezonken
**and there were skeletons of land animals**
en er waren skeletten van landdieren
**and there were oars, rudders, and chests of ships**
en er waren roeiriemen, roeren en kisten van schepen
**There was even a little mermaid whom they had caught**
Er was zelfs een kleine zeemeermin die ze hadden gevangen
**the poor mermaid must have been strangled by the hands**
de arme zeemeermin moet door de handen zijn gewurgd
**to her this seemed the most shocking of all**
voor haar leek dit het meest schokkende van alles

**finally, she came to a space of marshy ground in the woods**
uiteindelijk kwam ze op een moerassige plek in het bos
**here there were large fat water snakes rolling in the mire**

hier waren grote dikke waterslangen die in het slijk rolden
**the snakes showed their ugly, drab-colored bodies**
de slangen lieten hun lelijke, saai gekleurde lichamen zien
**In the midst of this spot stood a house**
Midden op deze plek stond een huis
**the house was built of the bones of shipwrecked human beings**
het huis werd gebouwd van de botten van schipbreukelingen
**and in the house sat the sea witch**
en in het huis zat de zeeheks
**she was allowing a toad to eat from her mouth**
ze liet een pad uit haar mond eten
**just like when people feed a canary with pieces of sugar**
net zoals mensen een kanarie voeren met stukjes suiker
**She called the ugly water snakes her little chickens**
Ze noemde de lelijke waterslangen haar kleine kuikentjes
**and she allowed her little chickens to crawl all over her**
en ze liet haar kleine kuikentjes overal over haar heen kruipen

**"I know what you want," said the sea witch**
"Ik weet wat je wilt," zei de zeeheks
**"It is very stupid of you to want such a thing"**
"Het is heel dom van je om zoiets te willen"
**"but you shall have your way, however stupid it is"**
"maar je zult je zin krijgen, hoe dom het ook is"
**"though your wish will bring you to sorrow, my pretty princess"**
"hoewel je wens je verdriet zal brengen, mijn mooie prinses"
**"You want to get rid of your mermaid's tail"**
"Je wilt van je zeemeerminstaart af"
**"and you want to have two stumps instead"**
"en je wilt in plaats daarvan twee stronken hebben"
**"this will make you like the human beings on earth"**
"dit zal je net als de mensen op aarde maken"
**"and then the young prince might fall in love with you"**
"en dan zou de jonge prins verliefd op je kunnen worden"

**"and then you might have an immortal soul"**
"en dan heb je misschien een onsterfelijke ziel"
**the witch laughed loud and disgustingly**
de heks lachte luid en walgelijk
**the toad and the snakes fell to the ground**
de pad en de slangen vielen op de grond
**and they lay there wriggling on the floor**
en ze lagen daar te kronkelen op de vloer
**"You came to me just in time," said the witch**
"Je kwam precies op tijd naar me toe," zei de heks
**"after sunrise tomorrow it would have been too late"**
"morgen na zonsopgang zou het te laat zijn"
**"after tomorrow I would not have been able to help you till the end of another year"**
"na morgen zou ik je pas over een jaar kunnen helpen"
**"I will prepare a potion for you"**
"Ik zal een drankje voor je bereiden"
**"swim up to the land tomorrow, before sunrise"**
"Zwem morgen, voor zonsopgang, naar het land"
**"seat yourself there and drink the potion"**
"Ga daar zitten en drink het drankje"
**"after you drink the potion your tail will disappear"**
"Nadat je het drankje hebt gedronken, verdwijnt je staart"
**"and then you will have what men call legs"**
"en dan heb je wat de mensen benen noemen"

**"all will say you are the prettiest girl in the world"**
"iedereen zal zeggen dat je het mooiste meisje ter wereld bent"
**"but for this you will have to endure great pain"**
"maar hiervoor zul je veel pijn moeten lijden"
**"it will be as if a sword were passing through you"**
"het zal zijn alsof er een zwaard door je heen gaat"
**"You will still have the same gracefulness of movement"**
"Je zult nog steeds dezelfde sierlijkheid van beweging hebben"
**"it will be as if you are floating over the ground"**
"het zal zijn alsof je over de grond zweeft"

**"and no dancer will ever tread as lightly as you"**
"en geen enkele danser zal ooit zo lichtvoetig zijn als jij"
**"but every step you take will cause you great pain"**
"maar elke stap die je zet zal je veel pijn bezorgen"
**"it will be as if you were treading upon sharp knives"**
"het zal zijn alsof je op scherpe messen trapt"
**"If you bear all this suffering, I will help you"**
"Als je al dit lijden moet dragen, zal ik je helpen"
**the little mermaid thought of the prince**
de kleine zeemeermin dacht aan de prins
**and she thought of the happiness of an immortal soul**
en ze dacht aan het geluk van een onsterfelijke ziel
**"Yes, I will," said the little princess**
"Ja, dat zal ik doen," zei de kleine prinses
**but, as you can imagine, her voice trembled with fear**
maar zoals je je kunt voorstellen, trilde haar stem van angst

**"do not rush into this," said the witch**
"Doe dit niet overhaast," zei de heks
**"once you are shaped like a human, you can never return"**
"als je eenmaal de vorm van een mens hebt, kun je nooit meer terugkeren"
**"and you will never again take the form of a mermaid"**
"en je zult nooit meer de vorm van een zeemeermin aannemen"
**"You will never return through the water to your sisters"**
"Je zult nooit meer door het water naar je zussen terugkeren"
**"nor will you ever go to your father's palace again"**
"noch zul je ooit nog naar het paleis van je vader gaan"
**"you will have to win the love of the prince"**
"Je zult de liefde van de prins moeten winnen"
**"he must be willing to forget his father and mother for you"**
"Hij moet bereid zijn zijn vader en moeder voor jou te vergeten"
**"and he must love you with all of his soul"**
"en hij moet van je houden met heel zijn ziel"

**"the priest must join your hands together"**
"de priester moet jullie handen samenvoegen"
**"and he must make you man and wife in holy matrimony"**
"en hij moet jullie tot man en vrouw in het heilige huwelijk maken"
**"only then will you have an immortal soul"**
"Alleen dan heb je een onsterfelijke ziel"
**"but you must never allow him to marry another woman"**
"maar je mag hem nooit toestaan om met een andere vrouw te trouwen"
**"the morning after he marries another woman, your heart will break"**
"de ochtend nadat hij met een andere vrouw trouwt, zal je hart breken"
**"and you will become foam on the crest of the waves"**
"en je zult schuim worden op de toppen van de golven"
**the little mermaid became as pale as death**
de kleine zeemeermin werd zo bleek als de dood
**"I will do it," said the little mermaid**
"Ik zal het doen," zei de kleine zeemeermin

**"But I must be paid, also," said the witch**
"Maar ik moet ook betaald worden," zei de heks
**"and it is not a trifle that I ask for"**
"en het is geen kleinigheid die ik vraag"
**"You have the sweetest voice of any who dwell here"**
"Je hebt de zoetste stem van iedereen die hier woont"
**"you believe that you can charm the prince with your voice"**
"Je gelooft dat je de prins kunt charmeren met je stem"
**"But your beautiful voice you must give to me"**
"Maar je mooie stem moet je aan mij geven"
**"The best thing you possess is the price of my potion"**
"Het beste wat je bezit is de prijs van mijn drankje"
**"the potion must be mixed with my own blood"**
"het drankje moet gemengd worden met mijn eigen bloed"

"only this mixture makes the potion as sharp as a two-edged sword"
"Alleen dit mengsel maakt het drankje zo scherp als een tweesnijdend zwaard"

**the little mermaid tried to object to the cost**
de kleine zeemeermin probeerde bezwaar te maken tegen de kosten
**"But if you take away my voice..." said the little mermaid**
"Maar als je mijn stem afneemt..." zei de kleine zeemeermin
**"if you take away my voice, what is left for me?"**
"Als je mijn stem wegneemt, wat blijft er dan voor mij over?"
**"Your beautiful form," suggested the sea witch**
"Je mooie vorm," stelde de zeeheks voor
**"your graceful walk, and your expressive eyes"**
"uw sierlijke gang en uw expressieve ogen"
**"Surely, with these things you can enchain a man's heart?"**
"Hiermee kun je toch het hart van een man ketenen?"
**"Well, have you lost your courage?" the sea witch asked**
"Nou, heb je je moed verloren?" vroeg de zeeheks
**"Put out your little tongue, so that I can cut it off"**
"Steek je tongetje uit, zodat ik het kan afsnijden"
**"then you shall have the powerful potion"**
"dan zul je het krachtige drankje hebben"
**"It shall be," said the little mermaid**
"Dat zal het zijn," zei de kleine zeemeermin

**Then the witch placed her cauldron on the fire**
Toen zette de heks haar ketel op het vuur
**"Cleanliness is a good thing," said the sea witch**
"Schoonheid is een goede zaak," zei de zeeheks
**she scoured the vessels for the right snake**
ze zocht in de vaten naar de juiste slang
**all the snakes had been tied together in a large knot**
alle slangen waren in een grote knoop aan elkaar vastgebonden

**Then she pricked herself in the breast**
Toen prikte ze zichzelf in de borst
**and she let the black blood drop into the caldron**
en ze liet het zwarte bloed in de ketel vallen
**The steam that rose twisted itself into horrible shapes**
De stoom die opsteeg, vervormde zichzelf tot afschuwelijke vormen
**no person could look at the shapes without fear**
niemand kon zonder angst naar de vormen kijken
**Every moment the witch threw new ingredients into the vessel**
Elk moment gooide de heks nieuwe ingrediënten in het vat
**finally, with everything inside, the caldron began to boil**
eindelijk, met alles erin, begon de ketel te koken
**there was the sound like the weeping of a crocodile**
er was een geluid als het huilen van een krokodil
**and at last the magic potion was ready**
en eindelijk was het toverdrankje klaar
**despite its ingredients, the potion looked like the clearest water**
ondanks de ingrediënten leek het drankje op het helderste water
**"There it is, all for you," said the witch**
"Daar is het, allemaal voor jou," zei de heks
**and then she cut off the little mermaid's tongue**
en toen sneed ze de tong van de kleine zeemeermin af
**so that the little mermaid could never again speak, nor sing again**
zodat de kleine zeemeermin nooit meer zou kunnen spreken, noch zingen
**"the polypi might try and grab you on the way out"**
"de poliep kan proberen je te grijpen als je naar buiten gaat"
**"if they try, throw over them a few drops of the potion"**
"als ze het proberen, gooi dan een paar druppels van het drankje over ze heen"
**"and their fingers will be torn into a thousand pieces"**

"en hun vingers zullen in duizend stukken gescheurd worden"
**But the little mermaid had no need to do this**
Maar de kleine zeemeermin had dit niet nodig
**the polypi sprang back in terror when they saw her**
de poliep sprong van schrik achteruit toen ze haar zagen
**they saw she had lost her tongue to the sea witch**
ze zagen dat ze haar tong had verloren aan de zeeheks
**and they saw she was carrying the potion**
en ze zagen dat ze het drankje bij zich had
**the potion shone in her hand like a twinkling star**
het drankje schitterde in haar hand als een fonkelende ster

**So she passed quickly through the wood and the marsh**
Dus liep ze snel door het bos en het moeras
**and she passed between the rushing whirlpools**
en ze passeerde tussen de kolkende draaikolken
**soon she made her way back to the palace of her father**
al snel ging ze terug naar het paleis van haar vader
**all the torches in the ballroom were extinguished**
alle fakkels in de balzaal waren gedoofd
**all within the palace must now be asleep**
iedereen in het paleis moet nu slapen
**But she did not go inside to see them**
Maar ze ging niet naar binnen om ze te zien
**she knew she was going to leave them forever**
ze wist dat ze hen voor altijd zou verlaten
**and she knew her heart would break if she saw them**
en ze wist dat haar hart zou breken als ze ze zag
**she went into the garden one last time**
ze ging voor de laatste keer de tuin in
**and she took a flower from each one of her sisters**
en ze nam van elk van haar zussen een bloem
**and then she rose up through the dark-blue waters**
en toen steeg ze op door het donkerblauwe water

## The Little Mermaid Meets the Prince
De kleine zeemeermin ontmoet de prins

**the little mermaid arrived at the prince's palace**
de kleine zeemeermin arriveerde in het paleis van de prins
**the sun had not yet risen from the sea**
de zon was nog niet uit de zee opgekomen
**and the moon shone clear and bright in the night**
en de maan scheen helder en helder in de nacht
**the little mermaid sat at the beautiful marble steps**
de kleine zeemeermin zat op de prachtige marmeren treden
**and then the little mermaid drank the magic potion**
en toen dronk de kleine zeemeermin het toverdrankje
**she felt the cut of a two-edged sword cut through her**
ze voelde de snee van een tweesnijdend zwaard door haar
heen snijden
**and she fell into a swoon, and lay like one dead**
en ze viel flauw en lag als een dode
**the sun rose from the sea and shone over the land**
de zon kwam op uit de zee en scheen over het land
**she recovered and felt the pain from the cut**
ze herstelde en voelde de pijn van de snee
**but before her stood the handsome young prince**
maar voor haar stond de knappe jonge prins

**He fixed his coal-black eyes upon the little mermaid**
Hij richtte zijn pikzwarte ogen op de kleine zeemeermin
**he looked so earnestly that she cast down her eyes**
hij keek zo ernstig dat ze haar ogen neersloeg
**and then she became aware that her fish's tail was gone**
en toen besefte ze dat de staart van haar vis weg was
**she saw that she had the prettiest pair of white legs**
ze zag dat ze het mooiste paar witte benen had
**and she had tiny feet, as any little maiden would have**
en ze had kleine voetjes, zoals elk klein meisje zou hebben
**But, having come from the sea, she had no clothes**

Maar toen ze uit de zee kwam, had ze geen kleren
**so she wrapped herself in her long, thick hair**
dus wikkelde ze zichzelf in haar lange, dikke haar
**The prince asked her who she was and whence she came**
De prins vroeg haar wie ze was en waar ze vandaan kwam
**She looked at him mildly and sorrowfully**
Ze keek hem vriendelijk en treurig aan
**but she had to answer with her deep blue eyes**
maar ze moest antwoorden met haar diepblauwe ogen
**because the little mermaid could not speak anymore**
omdat de kleine zeemeermin niet meer kon praten
**He took her by the hand and led her to the palace**
Hij nam haar bij de hand en leidde haar naar het paleis

**Every step she took was as the witch had said it would be**
Elke stap die ze zette was zoals de heks had gezegd dat het zou zijn
**she felt as if she were treading upon sharp knives**
ze had het gevoel alsof ze op scherpe messen trapte
**She bore the pain of her wish willingly, however**
Ze droeg de pijn van haar wens gewillig, hoe dan ook
**and she moved at the prince's side as lightly as a bubble**
en ze bewoog zich aan de zijde van de prins zo licht als een bel
**all who saw her wondered at her graceful, swaying movements**
iedereen die haar zag, verwonderde zich over haar sierlijke, wiegende bewegingen
**She was very soon arrayed in costly robes of silk and muslin**
Al snel werd ze gekleed in kostbare gewaden van zijde en mousseline
**and she was the most beautiful creature in the palace**
en zij was het mooiste wezen in het paleis
**but she appeared dumb, and could neither speak nor sing**
maar ze leek stom en kon noch spreken noch zingen

**there were beautiful female slaves, dressed in silk and gold**
er waren prachtige slavinnen, gekleed in zijde en goud
**they stepped forward and sang in front of the royal family**
ze stapten naar voren en zongen voor de koninklijke familie
**each slave could sing better than the next one**
elke slaaf kon beter zingen dan de ander
**and the prince clapped his hands and smiled at her**
en de prins klapte in zijn handen en glimlachte naar haar
**This was a great sorrow to the little mermaid**
Dit was een groot verdriet voor de kleine zeemeermin
**she knew how much more sweetly she was able to sing**
ze wist hoeveel zoeter ze kon zingen
**"if only he knew I have given away my voice to be with him!"**
"Als hij maar wist dat ik mijn stem heb gegeven om bij hem te zijn!"

**there was music being played by an orchestra**
er werd muziek gespeeld door een orkest
**and the slaves performed some pretty, fairy-like dances**
en de slaven voerden een aantal mooie, sprookjesachtige dansen uit
**Then the little mermaid raised her lovely white arms**
Toen hief de kleine zeemeermin haar mooie witte armen op
**she stood on the tips of her toes like a ballerina**
ze stond op de toppen van haar tenen als een ballerina
**and she glided over the floor like a bird over water**
en ze gleed over de vloer als een vogel over water
**and she danced as no one yet had been able to dance**
en ze danste zoals nog niemand had kunnen dansen
**At each moment her beauty was more revealed**
Op elk moment werd haar schoonheid meer onthuld
**most appealing of all, to the heart, were her expressive eyes**
het meest aantrekkelijk voor het hart waren haar expressieve ogen
**Everyone was enchanted by her, especially the prince**

Iedereen was betoverd door haar, vooral de prins
**the prince called her his deaf little foundling**
de prins noemde haar zijn dove kleine vondeling
**and she happily continued to dance, to please the prince**
en ze danste vrolijk verder, om de prins een plezier te doen
**but we must remember the pain she endured for his pleasure**
maar we moeten de pijn die ze voor zijn plezier heeft doorstaan, niet vergeten
**every step on the floor felt as if she trod on sharp knives**
elke stap op de vloer voelde alsof ze op scherpe messen stapte

**The prince said she should remain with him always**
De prins zei dat ze altijd bij hem moest blijven
**and she was given permission to sleep at his door**
en ze kreeg toestemming om bij zijn deur te slapen
**they brought a velvet cushion for her to lie on**
ze brachten een fluwelen kussen voor haar om op te liggen
**and the prince had a page's dress made for her**
en de prins liet een pagejurk voor haar maken
**this way she could accompany him on horseback**
op deze manier kon ze hem te paard vergezellen
**They rode together through the sweet-scented woods**
Ze reden samen door de zoetgeurende bossen
**in the woods the green branches touched their shoulders**
in het bos raakten de groene takken hun schouders
**and the little birds sang among the fresh leaves**
en de kleine vogels zongen tussen de verse bladeren
**She climbed with him to the tops of high mountains**
Ze klom met hem naar de toppen van hoge bergen
**and although her tender feet bled, she only smiled**
en hoewel haar tere voeten bloedden, glimlachte ze alleen maar
**she followed him till the clouds were beneath them**
Ze volgde hem tot de wolken onder hen waren
**like a flock of birds flying to distant lands**

als een zwerm vogels die naar verre landen vliegt

**when all were asleep she sat on the broad marble steps**
toen iedereen sliep zat ze op de brede marmeren treden
**it eased her burning feet to bathe them in the cold water**
het verlichtte haar brandende voeten door ze in het koude water te baden
**It was then that she thought of all those in the sea**
Toen dacht ze aan al die mensen in de zee
**Once, during the night, her sisters came up, arm in arm**
Op een nacht kwamen haar zussen arm in arm naar boven
**they sang sorrowfully as they floated on the water**
ze zongen treurig terwijl ze op het water dreven
**She beckoned to them, and they recognized her**
Ze wenkte hen en ze herkenden haar
**they told her how they had grieved their youngest sister**
ze vertelden haar hoe ze om hun jongste zusje hadden gerouwd
**after that, they came to the same place every night**
daarna kwamen ze elke nacht naar dezelfde plek
**Once she saw in the distance her old grandmother**
Eens zag ze in de verte haar oude grootmoeder
**she had not been to the surface of the sea for many years**
ze was al jaren niet meer aan de oppervlakte van de zee geweest
**and the old Sea King, her father, with his crown on his head**
en de oude zeekoning, haar vader, met zijn kroon op zijn hoofd
**he too came to where she could see him**
hij kwam ook naar waar zij hem kon zien
**They stretched out their hands towards her**
Ze strekten hun handen naar haar uit
**but they did not venture as near the land as her sisters**
maar ze waagden zich niet zo dicht bij het land als haar zusters

**As the days passed she loved the prince more dearly**
Naarmate de dagen verstreken, hield ze steeds meer van de prins
**and he loved her as one would love a little child**
en hij hield van haar zoals je van een klein kind houdt
**The thought never came to him to make her his wife**
Het idee om haar tot zijn vrouw te maken kwam nooit bij hem op
**but, unless he married her, her wish would never come true**
maar tenzij hij met haar trouwde, zou haar wens nooit uitkomen
**unless he married her she could not receive an immortal soul**
tenzij hij met haar trouwde, kon ze geen onsterfelijke ziel ontvangen
**and if he married another her dreams would shatter**
en als hij met een ander zou trouwen, zouden haar dromen uiteenspatten
**on the morning after his marriage she would dissolve**
op de ochtend na zijn huwelijk zou ze ontbinden
**and the little mermaid would become the foam of the sea**
en de kleine zeemeermin zou het schuim van de zee worden

**the prince took the little mermaid in his arms**
de prins nam de kleine zeemeermin in zijn armen
**and he kissed her on her forehead**
en hij kuste haar op haar voorhoofd
**with her eyes she tried to ask him**
met haar ogen probeerde ze hem te vragen
**"Do you not love me the most of them all?"**
"Hou jij niet het meest van mij?"
**"Yes, you are dear to me," said the prince**
"Ja, je bent mij dierbaar," zei de prins
**"because you have the best heart"**
"omdat je het beste hart hebt"
**"and you are the most devoted to me"**
"en jij bent het meest toegewijd aan mij"

**"You are like a young maiden whom I once saw"**
"Je bent als een jong meisje dat ik ooit zag"
**"but I shall never meet this young maiden again"**
"maar ik zal dit jonge meisje nooit meer ontmoeten"
**"I was in a ship that was wrecked"**
"Ik zat in een schip dat verging"
**"and the waves cast me ashore near a holy temple"**
"en de golven wierpen mij aan land bij een heilige tempel"
**"at the temple several young maidens performed the service"**
"in de tempel verrichtten verschillende jonge meisjes de dienst"
**"The youngest maiden found me on the shore"**
"Het jongste meisje vond mij aan de kust"
**"and the youngest of the maidens saved my life"**
"en de jongste van de maagden redde mijn leven"
**"I saw her but twice," he explained**
"Ik heb haar maar twee keer gezien", legde hij uit
**"and she is the only one in the world whom I could love"**
"en zij is de enige ter wereld van wie ik kan houden"
**"But you are like her," he reassured the little mermaid**
"Maar jij bent net als zij," verzekerde hij de kleine zeemeermin
**"and you have almost driven her image from my mind"**
"en je hebt haar beeld bijna uit mijn gedachten verdreven"
**"She belongs to the holy temple"**
"Zij behoort tot de heilige tempel"
**"good fortune has sent you instead of her to me"**
"het geluk heeft jou in plaats van haar naar mij gestuurd"
**"We will never part," he comforted the little mermaid**
"Wij zullen nooit scheiden," troostte hij de kleine zeemeermin

**but the little mermaid could not help but sigh**
maar de kleine zeemeermin kon het niet helpen om te zuchten
**"he knows not that it was I who saved his life"**
"Hij weet niet dat ik het was die zijn leven redde"
**"I carried him over the sea to where the temple stands"**
"Ik droeg hem over de zee naar waar de tempel staat"

**"I sat beneath the foam till the human came to help him"**
"Ik zat onder het schuim totdat de mens kwam om hem te helpen"
**"I saw the pretty maiden that he loves"**
"Ik zag het mooie meisje waar hij van houdt"
**"the pretty maiden that he loves more than me"**
"het mooie meisje waar hij meer van houdt dan van mij"
**The mermaid sighed deeply, but she could not weep**
De zeemeermin zuchtte diep, maar ze kon niet huilen
**"He says the maiden belongs to the holy temple"**
"Hij zegt dat het meisje tot de heilige tempel behoort"
**"therefore she will never return to the world"**
"daarom zal ze nooit meer terugkeren naar de wereld"
**"they will meet no more," the little mermaid hoped**
"ze zullen elkaar niet meer ontmoeten," hoopte de kleine zeemeermin
**"I am by his side and see him every day"**
"Ik ben aan zijn zijde en zie hem elke dag"
**"I will take care of him, and love him"**
"Ik zal voor hem zorgen en van hem houden"
**"and I will give up my life for his sake"**
"en ik zal mijn leven voor hem geven"

## The Day of the Wedding
### De dag van de bruiloft

**Very soon it was said that the prince was going to marry**
Al snel werd er gezegd dat de prins zou gaan trouwen
**there was the beautiful daughter of a neighbouring king**
er was de mooie dochter van een naburige koning
**it was said that she would be his wife**
er werd gezegd dat ze zijn vrouw zou worden
**for the occasion a fine ship was being fitted out**
voor de gelegenheid werd een prachtig schip uitgerust
**the prince said he intended only to visit the king**
de prins zei dat hij alleen de koning wilde bezoeken
**they thought he was only going so as to meet the princess**
ze dachten dat hij alleen maar ging om de prinses te ontmoeten
**The little mermaid smiled and shook her head**
De kleine zeemeermin glimlachte en schudde haar hoofd
**She knew the prince's thoughts better than the others**
Zij kende de gedachten van de prins beter dan de anderen

**"I must travel," he had said to her**
"Ik moet reizen", had hij tegen haar gezegd
**"I must see this beautiful princess"**
"Ik moet deze mooie prinses zien"
**"My parents want me to go and see her"**
"Mijn ouders willen dat ik haar ga bezoeken"
**"but they will not oblige me to bring her home as my bride"**
"maar ze zullen mij niet dwingen haar als mijn bruid mee naar huis te nemen"
**"you know that I cannot love her"**
"Je weet dat ik niet van haar kan houden"
**"because she is not like the beautiful maiden in the temple"**
"omdat ze niet is zoals het mooie meisje in de tempel"
**"the beautiful maiden whom you resemble"**
"het mooie meisje op wie je lijkt"

**"If I were forced to choose a bride, I would choose you"**
"Als ik gedwongen zou worden om een bruid te kiezen, zou ik jou kiezen"
**"my deaf foundling, with those expressive eyes"**
"mijn dove vondeling, met die expressieve ogen"
**Then he kissed her rosy mouth**
Toen kuste hij haar roze mond
**and he played with her long, waving hair**
en hij speelde met haar lange, golvende haar
**and he laid his head on her heart**
en hij legde zijn hoofd op haar hart
**she dreamed of human happiness and an immortal soul**
ze droomde van menselijk geluk en een onsterfelijke ziel

**they stood on the deck of the noble ship**
ze stonden op het dek van het nobele schip
**"You are not afraid of the sea, are you?" he said**
"Je bent toch niet bang voor de zee?" zei hij
**the ship was to carry them to the neighbouring country**
het schip moest hen naar het buurland brengen
**Then he told her of storms and of calms**
Toen vertelde hij haar over stormen en kalmte
**he told her of strange fishes deep beneath the water**
hij vertelde haar over vreemde vissen diep onder water
**and he told her of what the divers had seen there**
en hij vertelde haar wat de duikers daar hadden gezien
**She smiled at his descriptions, slightly amused**
Ze glimlachte bij zijn beschrijvingen, licht geamuseerd
**she knew better what wonders were at the bottom of the sea**
ze wist beter welke wonderen er op de bodem van de zee te vinden waren

**the little mermaid sat on the deck at moonlight**
de kleine zeemeermin zat op het dek bij maanlicht
**all on board were asleep, except the man at the helm**
iedereen aan boord sliep, behalve de man aan het roer

**and she gazed down through the clear water**
en ze keek naar beneden door het heldere water
**She thought she could distinguish her father's castle**
Ze dacht dat ze het kasteel van haar vader kon onderscheiden
**and in the castle she could see her aged grandmother**
en in het kasteel kon ze haar oude grootmoeder zien
**Then her sisters came out of the waves**
Toen kwamen haar zussen uit de golven
**and they gazed at their sister mournfully**
en ze keken treurig naar hun zus
**She beckoned to her sisters, and smiled**
Ze wenkte haar zussen en glimlachte
**she wanted to tell them how happy and well off she was**
Ze wilde hen vertellen hoe gelukkig en welgesteld ze was
**But the cabin boy approached and her sisters dived down**
Maar de scheepsjongen kwam dichterbij en haar zussen doken naar beneden
**he thought what he saw was the foam of the sea**
hij dacht dat wat hij zag het schuim van de zee was


**The next morning the ship got into the harbour**
De volgende morgen kwam het schip de haven binnen
**they had arrived in a beautiful coastal town**
ze waren aangekomen in een prachtig kustplaatsje
**on their arrival they were greeted by church bells**
bij aankomst werden ze begroet door kerkklokken
**and from the high towers sounded a flourish of trumpets**
en vanaf de hoge torens klonk een trompetgeschal
**soldiers lined the roads through which they passed**
soldaten stonden langs de wegen waarlangs ze trokken
**Soldiers, with flying colors and glittering bayonets**
Soldaten, met vlag en wimpel en glimmende bajonetten
**Every day that they were there there was a festival**
Elke dag dat ze daar waren, was er een festival
**balls and entertainments were organised for the event**

Er werden bals en amusement georganiseerd voor het evenement
**But the princess had not yet made her appearance**
Maar de prinses was nog niet verschenen
**she had been brought up and educated in a religious house**
ze was opgevoed en opgeleid in een religieus huis
**she was learning every royal virtue of a princess**
Ze leerde elke koninklijke deugd van een prinses

**At last, the princess made her royal appearance**
Eindelijk maakte de prinses haar koninklijke verschijning
**The little mermaid was anxious to see her**
De kleine zeemeermin was er erg op gebrand haar te zien
**she had to know whether she really was beautiful**
ze moest weten of ze echt mooi was
**and she was obliged to admit she really was beautiful**
en ze moest toegeven dat ze echt mooi was
**she had never seen a more perfect vision of beauty**
ze had nog nooit een perfecter beeld van schoonheid gezien
**Her skin was delicately fair**
Haar huid was delicaat licht
**and her laughing blue eyes shone with truth and purity**
en haar lachende blauwe ogen straalden waarheid en zuiverheid uit
**"It was you," said the prince**
"Jij was het," zei de prins
**"you saved my life when I lay as if dead on the beach"**
"Je hebt mijn leven gered toen ik als dood op het strand lag"
**"and he held his blushing bride in his arms"**
"en hij hield zijn blozende bruid in zijn armen"

**"Oh, I am too happy!" said he to the little mermaid**
"Oh, ik ben te blij!" zei hij tegen de kleine zeemeermin
**"my fondest hopes are now fulfilled"**
"mijn vurigste wensen zijn nu vervuld"
**"You will rejoice at my happiness"**

"Je zult je verheugen over mijn geluk"
**"because your devotion to me is great and sincere"**
"omdat uw toewijding aan mij groot en oprecht is"
**The little mermaid kissed the prince's hand**
De kleine zeemeermin kuste de hand van de prins
**and she felt as if her heart were already broken**
en ze voelde alsof haar hart al gebroken was
**the morning of his wedding was going to bring death to her**
de ochtend van zijn bruiloft zou haar de dood brengen
**she knew she was to become the foam of the sea**
ze wist dat ze het schuim van de zee zou worden

**the sound of the church bells rang through the town**
het geluid van de kerkklokken klonk door de stad
**the heralds rode through the town proclaiming the betrothal**
de herauten reden door de stad en verkondigden de verloving
**Perfumed oil was burned in silver lamps on every altar**
Op elk altaar werd in zilveren lampen geparfumeerde olie gebrand
**The priests waved the censers over the couple**
De priesters zwaaiden met de wierookvaten boven het paar
**and the bride and the bridegroom joined their hands**
en de bruid en de bruidegom hielden hun handen vast
**and they received the blessing of the bishop**
en zij ontvingen de zegen van de bisschop
**The little mermaid was dressed in silk and gold**
De kleine zeemeermin was gekleed in zijde en goud
**she held up the bride's dress, in great pain**
ze hield de jurk van de bruid omhoog, in grote pijn
**but her ears heard nothing of the festive music**
maar haar oren hoorden niets van de feestelijke muziek
**and her eyes saw not the holy ceremony**
en haar ogen zagen de heilige ceremonie niet
**She thought of the night of death coming to her**
Ze dacht aan de nacht van de dood die haar te wachten stond
**and she mourned for all she had lost in the world**

en ze rouwde om alles wat ze in de wereld had verloren

**that evening the bride and bridegroom boarded the ship**
die avond gingen bruid en bruidegom aan boord van het schip
**the ship's cannons were roaring to celebrate the event**
de scheepskanonnen brulden om de gebeurtenis te vieren
**and all the flags of the kingdom were waving**
en alle vlaggen van het koninkrijk wapperden
**in the centre of the ship a tent had been erected**
in het midden van het schip was een tent opgezet
**in the tent were the sleeping couches for the newlyweds**
in de tent stonden de slaapbanken voor het bruidspaar
**the winds were favourable for navigating the calm sea**
de wind was gunstig voor het navigeren op de kalme zee
**and the ship glided as smoothly as the birds of the sky**
en het schip gleed zo soepel als de vogels in de lucht

**When it grew dark, a number of colored lamps were lighted**
Toen het donker werd, werden er een aantal gekleurde lampen aangestoken
**the sailors and royal family danced merrily on the deck**
de matrozen en de koninklijke familie dansten vrolijk op het dek
**The little mermaid could not help thinking of her birthday**
De kleine zeemeermin kon het niet laten om aan haar verjaardag te denken
**the day that she rose out of the sea for the first time**
de dag dat ze voor het eerst uit de zee opsteeg
**similar joyful festivities were celebrated on that day**
soortgelijke vreugdevolle festiviteiten werden op die dag gevierd
**she thought about the wonder and hope she felt that day**
Ze dacht aan de verwondering en hoop die ze die dag voelde
**with those pleasant memories, she too joined in the dance**
met die aangename herinneringen danste ze ook mee
**on her paining feet, she poised herself in the air**

op haar pijnlijke voeten balanceerde ze zichzelf in de lucht
**the way a swallow poises itself when in pursued of prey**
de manier waarop een zwaluw zich in evenwicht houdt als hij op jacht is naar prooi
**the sailors and the servants cheered her wonderingly**
de matrozen en de bedienden juichten haar vol verbazing toe
**She had never danced so gracefully before**
Ze had nog nooit zo sierlijk gedanst
**Her tender feet felt as if cut with sharp knives**
Haar tedere voeten voelden alsof ze door scherpe messen waren gesneden
**but she cared little for the pain of her feet**
maar ze gaf weinig om de pijn van haar voeten
**there was a much sharper pain piercing her heart**
er was een veel scherpere pijn die haar hart doorboorde

**She knew this was the last evening she would ever see him**
Ze wist dat dit de laatste avond was dat ze hem ooit zou zien
**the prince for whom she had forsaken her kindred and home**
de prins voor wie ze haar familie en huis had verlaten
**She had given up her beautiful voice for him**
Ze had haar mooie stem voor hem opgegeven
**and every day she had suffered unheard-of pain for him**
en elke dag had ze ongekende pijn voor hem geleden
**she suffered all this, while he knew nothing of her pain**
zij heeft dit alles geleden, terwijl hij niets van haar pijn wist
**it was the last evening she would breath the same air as him**
het was de laatste avond dat ze dezelfde lucht zou inademen als hij
**it was the last evening she would gaze on the same starry sky**
het was de laatste avond dat ze naar dezelfde sterrenhemel zou staren
**it was the last evening she would gaze into the deep sea**
het was de laatste avond dat ze in de diepe zee zou staren
**it was the last evening she would gaze into the eternal night**

het was de laatste avond dat ze in de eeuwige nacht zou staren
**an eternal night without thoughts or dreams awaited her**
een eeuwige nacht zonder gedachten of dromen wachtte haar
**She was born without a soul, and now she could never win one**
Ze werd geboren zonder ziel, en nu zou ze er nooit een kunnen winnen

**All was joy and gaiety on the ship until long after midnight**
Er heerste vreugde en vrolijkheid op het schip tot lang na middernacht
**She smiled and danced with the others on the royal ship**
Ze glimlachte en danste met de anderen op het koninklijke schip
**but she danced while the thought of death was in her heart**
maar ze danste terwijl de gedachte aan de dood in haar hart zat
**she had to watch the prince dance with the princess**
ze moest de prins met de prinses zien dansen
**she had to watch when the prince kissed his beautiful bride**
ze moest toekijken toen de prins zijn mooie bruid kuste
**she had to watch her play with the prince's raven hair**
ze moest toekijken hoe ze met het ravenzwarte haar van de prins speelde
**and she had to watch them enter the tent, arm in arm**
en ze moest toekijken hoe ze arm in arm de tent binnenkwamen

## After the Wedding
### Na de bruiloft

**After they had gone all became still on board the ship**
Nadat ze weg waren, werd het stil aan boord van het schip
**only the pilot, who stood at the helm, was still awake**
alleen de piloot, die aan het roer stond, was nog wakker
**The little mermaid leaned on the edge of the vessel**
De kleine zeemeermin leunde op de rand van het schip
**she looked towards the east for the first blush of morning**
Ze keek naar het oosten voor de eerste gloed van de ochtend
**the first ray of the dawn, which was to be her death**
de eerste straal van de dageraad, die haar dood zou betekenen
**from far away she saw her sisters rising out of the sea**
van ver zag ze haar zusters uit de zee oprijzen
**They were as pale with fear as she was**
Ze waren net zo bleek van angst als zij
**but their beautiful hair no longer waved in the wind**
maar hun mooie haar wapperde niet meer in de wind
**"We have given our hair to the witch," said they**
"Wij hebben ons haar aan de heks gegeven," zeiden ze
**"so that you do not have to die tonight"**
"zodat je vanavond niet hoeft te sterven"
**"for our hair we have obtained this knife"**
"voor ons haar hebben we dit mes verkregen"
**"Before the sun rises you must use this knife"**
"Voordat de zon opkomt, moet je dit mes gebruiken"
**"you must plunge the knife into the heart of the prince"**
"Je moet het mes in het hart van de prins steken"
**"the warm blood of the prince must fall upon your feet"**
"het warme bloed van de prins moet op uw voeten vallen"
**"and then your feet will grow together again"**
"en dan groeien je voeten weer aan elkaar"
**"where you have legs you will have a fish's tail again"**
"waar je benen hebt, zul je weer een vissenstaart hebben"

**"and where you were human you will once more be a mermaid"**
"en waar je een mens was, zul je weer een zeemeermin zijn"
**"then you can return to live with us, under the sea"**
"dan kun je terugkeren om bij ons te leven, onder de zee"
**"and you will be given your three hundred years of a mermaid"**
"en je krijgt je driehonderd jaar van een zeemeermin"
**"and only then will you be changed into the salty sea foam"**
"en pas dan zul je veranderen in het zoute zeeschuim"
**"Haste, then; either he or you must die before sunrise"**
"Haast je dan; of hij of jij moet sterven voor zonsopgang"
**"our old grandmother mourns for you day and night"**
"onze oude grootmoeder rouwt dag en nacht om jou"
**"her white hair is falling out"**
"haar witte haar valt uit"
**"just as our hair fell under the witch's scissors"**
"net zoals ons haar onder de schaar van de heks viel"
**"Kill the prince, and come back," they begged her**
"Dood de prins en kom terug," smeekten ze haar
**"Do you not see the first red streaks in the sky?"**
"Zie je de eerste rode strepen aan de hemel niet?"
**"In a few minutes the sun will rise, and you will die"**
"Over een paar minuten komt de zon op en zul je sterven"
**having done their best, her sisters sighed deeply**
nadat ze hun best hadden gedaan, zuchtten haar zussen diep
**mournfully her sisters sank back beneath the waves**
treurig zonken haar zusters terug onder de golven
**and the little mermaid was left with the knife in her hands**
en de kleine zeemeermin bleef achter met het mes in haar handen

**she drew back the crimson curtain of the tent**
Ze trok het karmozijnrode gordijn van de tent open
**and in the tent she saw the beautiful bride**
en in de tent zag ze de mooie bruid

**her face was resting on the prince's breast**
haar gezicht rustte op de borst van de prins
**and then the little mermaid looked at the sky**
en toen keek de kleine zeemeermin naar de lucht
**on the horizon the rosy dawn grew brighter and brighter**
aan de horizon werd de roze dageraad steeds helderder
**She glanced at the sharp knife in her hands**
Ze keek naar het scherpe mes in haar handen
**and again she fixed her eyes on the prince**
en opnieuw richtte ze haar ogen op de prins
**She bent down and kissed his noble brow**
Ze boog zich voorover en kuste zijn nobele voorhoofd
**he whispered the name of his bride in his dreams**
hij fluisterde de naam van zijn bruid in zijn dromen
**he was dreaming of the princess he had married**
hij droomde van de prinses met wie hij getrouwd was
**the knife trembled in the hand of the little mermaid**
het mes beefde in de hand van de kleine zeemeermin
**but she flung the knife far into the sea**
maar ze gooide het mes ver in de zee

**where the knife fell the water turned red**
waar het mes viel werd het water rood
**the drops that spurted up looked like blood**
de druppels die eruit spoot leken op bloed
**She cast one last look upon the prince she loved**
Ze wierp een laatste blik op de prins van wie ze hield
**the sun pierced the sky with its golden arrows**
de zon doorboorde de lucht met zijn gouden pijlen
**and she threw herself from the ship into the sea**
en ze wierp zichzelf van het schip in de zee
**the little mermaid felt her body dissolving into foam**
de kleine zeemeermin voelde haar lichaam oplossen in schuim
**and all that rose to the surface were bubbles of air**
en alles wat naar de oppervlakte kwam waren luchtbellen
**the sun's warm rays fell upon the cold foam**

de warme zonnestralen vielen op het koude schuim
**but she did not feel as if she were dying**
maar ze had niet het gevoel dat ze stervende was
**in a strange way she felt the warmth of the bright sun**
op een vreemde manier voelde ze de warmte van de felle zon
**she saw hundreds of beautiful transparent creatures**
ze zag honderden prachtige transparante wezens
**the creatures were floating all around her**
de wezens zweefden overal om haar heen
**through the creatures she could see the white sails of the ships**
door de wezens heen kon ze de witte zeilen van de schepen zien
**and between the sails of the ships she saw the red clouds in the sky**
en tussen de zeilen van de schepen zag ze de rode wolken in de lucht
**Their speech was melodious and childlike**
Hun spraak was melodieus en kinderlijk
**but their speech could not be heard by mortal ears**
maar hun spraak kon niet door sterfelijke oren gehoord worden
**nor could their bodies be seen by mortal eyes**
noch konden hun lichamen door sterfelijke ogen worden gezien
**The little mermaid perceived that she was like them**
De kleine zeemeermin merkte dat ze net als zij was
**and she felt that she was rising higher and higher**
en ze voelde dat ze steeds hoger en hoger steeg
**"Where am I?" asked she, and her voice sounded ethereal**
"Waar ben ik?" vroeg ze, en haar stem klonk etherisch
**there is no earthly music that could imitate her**
er is geen aardse muziek die haar zou kunnen imiteren
**"you are among the daughters of the air," answered one of them**

"Jij bent onder de dochters van de lucht," antwoordde een van hen
**"A mermaid has not an immortal soul"**
"Een zeemeermin heeft geen onsterfelijke ziel"
**"nor can mermaids obtain immortal souls"**
"noch kunnen zeemeerminnen onsterfelijke zielen verkrijgen"
**"unless she wins the love of a human being"**
"tenzij ze de liefde van een mens wint"
**"on the will of another hangs her eternal destiny"**
"aan de wil van een ander hangt haar eeuwige lot"
**"like you, we do not have immortal souls either"**
"net als jij hebben wij ook geen onsterfelijke zielen"
**"but we can obtain an immortal soul by our deeds"**
"maar we kunnen een onsterfelijke ziel verkrijgen door onze daden"
**"We fly to warm countries and cool the sultry air"**
"Wij vliegen naar warme landen en koelen de zwoele lucht af"
**"the heat that destroys mankind with pestilence"**
"de hitte die de mensheid vernietigt met pest"
**"We carry the perfume of the flowers"**
"Wij dragen de geur van de bloemen"
**"and we spread health and restoration"**
"en wij verspreiden gezondheid en herstel"

**"for three hundred years we travel the world like this"**
"driehonderd jaar lang reizen we zo de wereld rond"
**"in that time we strive to do all the good in our power"**
"in die tijd streven wij ernaar om al het goede te doen wat in ons vermogen ligt"
**"if we succeed we receive an immortal soul"**
"Als we slagen, ontvangen we een onsterfelijke ziel"
**"and then we too take part in the happiness of mankind"**
"en dan delen ook wij in het geluk van de mensheid"
**"You, poor little mermaid, have done your best"**
"Jij, arme kleine zeemeermin, hebt je best gedaan"
**"you have tried with your whole heart to do as we are doing"**

"Je hebt met heel je hart geprobeerd om te doen wat wij doen"
**"You have suffered and endured an enormous pain"**
"Je hebt een enorme pijn geleden en doorstaan"
**"by your good deeds you raised yourself to the spirit world"**
"Door uw goede daden hebt u uzelf verheven tot de geestenwereld"
**"and now you will live alongside us for three hundred years"**
"en nu zul je driehonderd jaar naast ons leven"
**"by striving like us, you may obtain an immortal soul"**
"Door te streven zoals wij, kun je een onsterfelijke ziel verkrijgen"
**The little mermaid lifted her glorified eyes toward the sun**
De kleine zeemeermin hief haar verheerlijkte ogen op naar de zon
**for the first time, she felt her eyes filling with tears**
voor het eerst voelde ze haar ogen zich vullen met tranen

**On the ship she had left there was life and noise**
Op het schip dat ze had verlaten was er leven en lawaai
**she saw the prince and his beautiful bride searching for her**
ze zag de prins en zijn prachtige bruid naar haar zoeken
**Sorrowfully, they gazed at the pearly foam**
Met droefheid keken ze naar het parelmoeren schuim
**it was as if they knew she had thrown herself into the waves**
het was alsof ze wisten dat ze zichzelf in de golven had geworpen
**Unseen, she kissed the forehead of the bride**
Ongezien kuste ze het voorhoofd van de bruid
**and then she rose with the other children of the air**
en toen steeg ze op met de andere kinderen van de lucht
**together they went to a rosy cloud that floated above**
samen gingen ze naar een roze wolk die boven hen zweefde

**"After three hundred years,"** one of them started explaining
"Na driehonderd jaar," begon een van hen uit te leggen
**"then we shall float into the kingdom of heaven,"** said she

"Dan zullen we naar het koninkrijk der hemelen zweven", zei ze

**"And we may even get there sooner," whispered a companion**

"En misschien komen we er zelfs eerder", fluisterde een metgezel

**"Unseen we can enter the houses where there are children"**

"Ongezien kunnen we de huizen binnengaan waar kinderen zijn"

**"in some of the houses we find good children"**

"in sommige huizen vinden we goede kinderen"

**"these children are the joy of their parents"**

"Deze kinderen zijn de vreugde van hun ouders"

**"and these children deserve the love of their parents"**

"en deze kinderen verdienen de liefde van hun ouders"

**"such children shorten the time of our probation"**

"Zulke kinderen verkorten de tijd van onze proeftijd"

**"The child does not know when we fly through the room"**

"Het kind weet niet wanneer wij door de kamer vliegen"

**"and they don't know that we smile with joy at their good conduct"**

"en ze weten niet dat wij met vreugde glimlachen om hun goede gedrag"

**"because then our judgement comes one day sooner"**

"want dan komt ons oordeel een dag eerder"

**"But we see naughty and wicked children too"**

"Maar we zien ook stoute en slechte kinderen"

**"when we see such children we shed tears of sorrow"**

"Als we zulke kinderen zien, vergieten we tranen van verdriet"

**"and for every tear we shed a day is added to our time"**

"en voor elke traan die we vergieten, wordt er een dag aan onze tijd toegevoegd"

**www.tranzlaty.com**

www.ingramcontent.com/pod-product-compliance
Lightning Source LLC
Chambersburg PA
CBHW012007090526
44590CB00026B/3915